LE CALVADOS À PIED®

LA GRANGE FRESNAY
2 4 SEP 2004
E 14220

N° et Nom du circuit		durée	page	N° et Nom du circuit		durée	page
1	Au pays d'Isigny	5 h 45				h 00	84
2	Le Bessin secret	5 h 00	28	29	Le bois de ...	3 h 30	88
3	Au cœur des marais	3 h 00	30	30	La vallée du Laizon	3 h 00	90
4	Autour de Port-en-Bessin	3 h 45	32	31	Les monts d'Eraines	4 h 45	92
5	Le port d'Arromanches	4 h 00	34	32	Du canal à la mer	4 h 45	94
6	Autour de Bazenville	3 h 00	36	33	L'estuaire de l'Orne	3 h 15	96
7	Les monts de Meuvaines	3 h 45	38	34	Entre Orne et Dives	4 h 30	98
8	Le vallon de la Thue	3 h 00	40	35	Entre bois et marais	3 h 00	100
9	Les vaux de Seulles et de Thue	4 h 30	42	36	L'île au milieu des marais	2 h 00	102
10	La vallée de la Mue	3 h 00	44	37	Les chemins d'Argences	3 h 00	104
11	Tilly-sur-Seulles	3 h 00	46	38	La butte de Canon	3 h 00	106
12	La vallée de la Dathée	4 h 00	48	39	Les trois clochers	2 h 50	108
13	Les méandres de la Vire	3 h 00	50	40	De La Cornillière au Montarin	2 h 20	110
14	Les coteaux de la Vire	3 h 00	52	41	Aux confins du Pays d'Auge	3 h 00	112
15	La vallée de la Souleuvre	2 h 40	54	42	La butte Clara	2 h 40	114
16	Aux confins du Bocage	3 h 00	56	43	Autour de Trouville	3 h 00	116
17	Les bruyères du Bocage	6 h 30	58	44	La Galoche	3 h 00	118
18	Autour du clocher de Cahagnes	3 h 15	62	45	Les marais de Pennedepie	3 h 00	120
19	Le circuit des Templiers	3 h 45	64	46	Le vallon de Saint-Hymer	2 h 40	122
20	La vallée de la Druance	3 h 00	66	47	La vallée de l'Orange	3 h 20	124
21	Le vallon du Cresme	3 h 00	68	48	La vallée de la Paquine	5 h 30	126
22	Sous le mont d'Ancre	3 h 00	70	49	Circuit des Gaillardières	2 h 20	130
23	La Suisse normande	3 h 30	72	50	Le balcon de la Touques	3 h 00	132
24	La vallée de l'Orne	4 h 15	74	51	Le bois de Val-Himbert	3 h 00	134
25	Les balcons de l'Odon	3 h 00	78	52	Les sources de l'Orbiquet	3 h 00	136
26	Autour du Locheur	2 h 20	80				
27	Fleury-sur-Orne	2 h 50	82				

CLASSEMENT DES RANDONNÉES

Très facile — Facile — Moyen — Difficile

Avertissement : les renseignements fournis dans ce topo-guide sont exacts au moment de l'édition. Toutefois, certaines transformations du paysage engendrées par l'urbanisation, la création de nouvelles routes ou lignes ferroviaires, l'exploitation forestière ou agricole, etc., peuvent modifier le tracé des itinéraires. Le balisage sur le terrain devient alors l'élément prioritaire du repérage, avant la carte et le descriptif. N'hésitez pas à nous signaler les changements. Les modifications seront intégrées lors de la réédition.

Toute représentation ou reproduction, par quelque procédé que ce soit, constituerait une contrefaçon sanctionnée par les articles L. 335-2 et suivants du Code de la propriété intellectuelle.
Les extraits de cartes figurant dans cet ouvrage sont la propriété de l'Institut Géographique National. Toute reproduction est soumise à l'autorisation de ce dernier.
Le tracé de l'itinéraire sur les fonds de carte IGN est la propriété de la FFRP.
Topo-guide des sentiers de Grande Randonnée®, Sentiers de Grande Randonnée®, GR®, GR® Pays, PR®, « à pied® », « les environs de… à pied® », ainsi que les signes de couleur blanc-rouge , et jaune-rouge qui balisent les sentiers sont des marques déposées.
L'utilisation sans autorisation de ces marques ferait l'objet de poursuites en contrefaçon de la part de la FFRP.

2e édition : avril 2002
© FFRP / ISBN 2-85699-862-3 / © IGN 2002 (fond de carte)
Dépôt légal : mars 2004

Les départements de France *à pied*®

Le Calvados *à pied*®

52 promenades et randonnées

Calvados

FFR**P**

Fédération **F**rançaise de la **R**andonnée **P**édestre
association reconnue d'utilité publique
14, rue Riquet
75019 PARIS

SOMMAIRE

Le château de Falaise. *Photo J. M. Gatey.*

INFOS PRATIQUES — **p 6**

Choisir sa randonnée. Quand randonner ?
Se rendre sur place...**p 6-7**
Boire, manger et dormir dans la région...............**p 8**
Comment utiliser le guide ?...........................**p 10-11**
Des astuces pour une bonne rando....................... **p 12**
Où s'adresser ?.. **p 15**

DÉCOUVRIR LE CALVADOS — p 17

LES PROMENADES ET RANDONNÉES — p 24

p 24	Au pays d'Isigny	p 84	Le sentier du val de Laize
p 28	Le Bessin secret	p 88	Le bois du Roi
p 30	Au cœur des marais	p 90	La vallée du Laizon
p 32	Autour de Port-en-Bessin	p 92	Les monts d'Ercines
p 34	Le port d'Arromanches	p 94	Du canal à la mer
p 36	Autour de Bazenville	p 96	L'estuaire de l'Orne
p 38	Les monts de Meuvaines	p 98	Entre Orne et Dives
p 40	Le vallon de la Thue	p 100	Entre bois et marais
p 42	Les vaux de Seulles et de Thue	p 102	L'île au milieu des marais
p 44	La vallée de la Mue	p 104	Les chemins d'Argences
p 46	Tilly-sur-Seulles	p 106	La butte de Canon
p 48	La vallée de la Dathée	p 108	Les trois clochers
p 50	les méandres de la Vire	p 110	De La Cornillière au Montarin
p 52	Les coteaux de la Vire	p 112	Aux confins du pays d'Auge
p 54	La vallée de la Souleuvre	p 114	La butte Clara
p 56	Aux confins du Bocage	p 116	Autour de Trouville
p 58	Les bruyères du Bocage	p 118	La Galoche
p 62	Autour du clocher de Cahagnes	p 120	Les marais de Pennedepie
p 64	Le circuit des Templiers	p 122	Le vallon de Saint-Hymer
p 66	La vallée de la Druance	p 124	La vallée de l'Orange
p 68	le vallon du Cresme	p 126	La vallée de la Paquine
p 70	Sous le mont d'Ancre	p 130	Circuit des Gaillardières
p 72	La Suisse normande	p 132	Le balcon de la Touques
p 74	La vallée de l'Orne	p 134	Le bois de Val-Himbert
p 78	les balcons de l'Odon	p 136	Les sources de l'Orbiquet
p 80	Autour du Locheur		
p 82	Fleury-sur-Orne		

BIBLIOGRAPHIE ET CARTOGRAPHIE — p 141

INDEX DES NOMS DE LIEUX — p 144

INFOS PRATIQUES

Choisir sa randonnée

Les randonnées sont classées par ordre de difficulté.

Elles sont différenciées par des couleurs dans la fiche pratique de chaque circuit.

très facile   Moins de 2 heures de marche.
Idéale à faire en famille, sur des chemins bien tracés.

facile   Moins de 3 heures de marche.
Peut être faite en famille. Sur des chemins, avec quelquefois des passages moins faciles.

moyen   Moins de 4 heures de marche.
Pour randonneur habitué à la marche. Avec quelquefois des endroits assez sportifs ou des dénivelées.

difficile   Plus de 4 heures de marche.
Pour randonneur expérimenté et sportif. L'itinéraire est long ou difficile (dénivelés, passages délicats), ou les deux à la fois.

Durée de la randonnée

La durée de chaque circuit est donnée à titre indicatif. Elle tient compte de la longueur de la randonnée, des dénivelés et des éventuelles difficultés.

Pas de complexe à avoir pour ceux qui marchent à « deux à l'heure » avec le dernier bambin, en photographiant les fleurs.

INFOS PRATIQUES

Quand randonner ?

■ **Automne-hiver :** les forêts sont somptueuses en automne, les champignons sont au rendez-vous (leur cueillette est réglementée), et déjà les grandes vagues d'oiseaux migrateurs animent les eaux glacées.

■ **Printemps-été :** suivant les altitudes et les régions, les mille coloris des fleurs animent les parcs et les jardins, les bords des chemins et les champs.

■ Les journées longues de l'été permettent les grandes randonnées, mais attention au coup de chaleur. Il faut boire beaucoup d'eau.

■ En période de chasse, certaines randonnées sont déconseillées, voire interdites. Se renseigner en mairie.

■ En période pluvieuse, certains chemins creux peuvent être très humides, notamment en VTT.

Avant de partir, il est recommandé de s'informer sur le temps prévu pour la journée, en téléphonant à Météo France : 32 50

Pour se rendre sur place

En voiture

Tous les points de départ sont facilement accessibles par la route.
Un parking est situé à proximité du départ de chaque randonnée.
Ne laissez pas d'objet apparent dans votre véhicule.

Par les transports en commun

■ Pour les dessertes SNCF, les horaires sont à consulter dans les gares ou par tél. au 36 35, sur Minitel au 3615 SNCF, ou sur internet : www.sncf.com

■ Pour se déplacer en car, se renseigner auprès des Offices de tourisme et Syndicats d'initiative (voir la rubrique « Où s'adresser » page 15).

INFOS PRATIQUES

Où manger et dormir dans la région ?

Un pique-nique sur place ?
Chez l'épicier du village, le boulanger ou le boucher, mille et une occasions de découvrir les produits locaux.

Pour découvrir un village ?
Des terrasses sympathiques où souffler et prendre un verre.

Une petite faim ?
Les restaurants proposent souvent des menus du terroir. Les tables d'hôtes et les fermes-auberges racontent dans votre assiette les spécialités du coin.

Une envie de rester plus longtemps ?
De nombreuses possibilités d'hébergement existent dans la région.

Boire, manger et dormir dans la région ?	ALIMENTATION	RESTAURANT	CAFÉ	HÉBERGEMENT
Isigny-sur-Mer	X	X	X	X
Saint-Martin-de-Blagny	X	X		X
Trévières	X	X	X	X
Port-en-Bessin	X	X	X	X
Ryes		X		
Arromanches	X	X	X	X
Villiers-le-Sec				X
Ver-sur-Mer	X		X	X
Cully	X	X	X	
Creully	X	X	X	X
Thaon	X	X	X	X
Tilly-sur-Seulles	X	X	X	X
Champ-du-Boult	X	X	X	X
Campeaux	X		X	X
Le Beny-Bocage	X	X	X	X

INFOS PRATIQUES

A la terrasse d'un bon coin, après la randonnée.

Boire, manger et dormir dans la région ?

	ALIMENTATION	RESTAURANT	CAFÉ	HEBERGEMENT
Cahagnes	X	X	X	X
Vassy	X	X	X	X
Pontécoulant	X	X	X	X
Campandré-Valcongrain		X		X
Clécy-le-Vey	X	X	X	X
Thury-Harcourt	X	X	X	X
Epinay-sur-Odon			X	
Fleury-sur-Orne	X	X	X	
Bretteville-sur-Laize	X	X	X	X
Villers-Canivet	X	X	X	
Potigny	X	X	X	X
Perrières	X	X	X	
Ouistreham	X	X	X	X
Bénouville	X	X	X	X
Sallenelles	X	X	X	X
Merville-Franceville	X	X	X	X
Bavent	X	X	X	X
Troarn	X	X	X	X
Mézidon-Canon	X	X	X	X
Le Mesnil-Mauger	X	X	X	X
Vieux-Pont-en-Auge				X
Le Billot-l'Oudon	X	X	X	X
Glanville				X
Trouville	X	X	X	X
Clarbec	X		X	X
Pennedepie		X	X	X
Saint-Hymer		X	X	X
Hermival-les-Vaux		X		
Fervaques	X	X	X	X
Orbec	X	X	X	X

9

COMMENT UTILISER LE GUIDE ?

La randonnée est reportée en rouge sur la carte IGN

Rivière

Village

La forêt (en vert)

La fabrication de l'ocre

Le minerai brut d'extraction doit être lavé pour séparer l'ocre marchande des sables inertes. L'eau délaie la matière brute qui décante pendant le trajet pour ne laisser subsister que de l'ocre pur que le courant emporte dans les bassins. Après plusieurs jours de repos dans les bassins, l'eau de surface ne contient plus d'ocre. La couche d'ocre déposée au fond peut atteindre 70 à 80 cm d'épaisseur. Encore à l'état pâteux, la surface de l'ocre est griffée à l'aide d'un carrelet. Elle est ensuite découpée à la bêche et entassée en murs réguliers où les briquettes d'ocre achèvent de sécher. Le matériau part ensuite pour l'usine où s'achèvera son cycle de préparation : broyage, blutage et cuisson.

Colorado provençal. *Photo D. G.*

Pour en savoir plus

Fiche pratique

Nom et Numéro de la randonnée

Pour se rendre sur place

Le Sentier des Ocres

Cet itinéraire présente le double avantage d'une découverte à la fois panoramique et intime des ocres.

❶ Du parking, emprunter la route vers l'Est.

❷ Dans le prochain virage à gauche, prendre à droite l'ancien chemin de Rustrel à Viens qui descend vers la Doa. Franchir le torrent. Passer à côté d'un cabanon en ruine. Un peu plus haut, le chemin surplombe un cirque de sables ocreux.

❸ Laisser le GR° 6 à gauche. Plus haut le chemin surplombe le ravin de Barries et le moulin du même nom. En haut du vallon de Barries, prendre à gauche une route.

❹ Au carrefour suivant, tourner à droite.

❺ Après une petite ferme entourée de cèdres et de cyprès, prendre à droite le chemin qui parcourt le rebord du plateau.

❻ Après une courte descente, prendre à droite. Suivre le haut du ravin des Gourgues. Ne pas prendre le prochain sentier sur la gauche. A la bifurcation suivante, prendre à gauche le sentier à peu près horizontal qui s'oriente vers l'Ouest. Un peu plus loin, longer une très longue bande de terre cultivée. Se diriger vers la colline de la Croix de Cristol.

❼ Au pied de celle-ci, prendre à droite le sentier qui descend vers Istrane. *Il s'agit de l'ancien chemin de Caseneuve à Rustrel. Une éclaircie ouvre des points de vue sur les pentes ravinées de Couvin, sur la chapelle de Notre-Dame-des-Anges et sur Saint-Saturnin-lès-Apt. Au fur et à mesure de la descente, la végétation change de physionomie pour laisser place à des espèces qui affectionnent les terrains sableux.* Franchir la Doa et remonter la route jusqu'à Istrane.

❽ Au croisement, prendre à droite l'ancien chemin de la poste. Passer à proximité d'une ancienne usine de conditionnement de l'ocre, puis à côté de Bouvène. Avant de regagner le point de départ, on peut remarquer le site des Cheminées de Fées (colonnes de sables ocreux protégées par des blocs de grès).

Fiche pratique 17

3 h / **9 Km**
572 m / 345 m

Situation : Rustrel sur la D 22 à 13 km au Nord-Est d'Apt

Parking communal de Rustrel

Balisage
❶ à ❸ blanc-rouge
❸ à ❶ jaune

Difficulté particulière
- passages raides dans la descente sur Istrane

À voir

En chemin
- Gisements de sables ocreux
- Chapelle Notre-Dame-des-Anges

Dans la région
- Roussillon : sentier des aiguilles et usine Mathieu, consacrés à l'exploitation de l'ocre.

53

Description précise de la randonnée

Classement de la randonnée :

3 h ← Temps de marche à pied
9 Km ← Longueur

- 🟩 Très facile
- 🟧 Moyen
- 🟦 Facile
- 🟦 Difficile

572m / 345m — Point le plus haut / Point le plus bas

P — Parking

— Balisage des sentiers *(voir page 13)*

⚠ — Attention

— Prévoir des jumelles

— Prévoir une lampe de poche

— Emporter de l'eau

— Praticable à VTT

— Sites et curiosités à ne pas manquer en chemin

— Autres découvertes à faire dans la région

11

INFOS PRATIQUES

Des astuces pour une bonne rando

■ Prenez un petit sac pour y mettre la gourde d'eau, le pique-nique et quelques aliments énergétiques pour le goûter.

Le temps peut changer très vite lors d'une courte randonnée. Un coupe-vent léger ou un vêtement chaud et imperméable sont conseillés suivant les régions.

En été, pensez aux lunettes de soleil, à la crème solaire et au chapeau.

■ La chaussure est l'outil premier du randonneur. Elle doit tenir la cheville. Choisissez la légère pour les petites randonnées. Si la rando est plus longue, prévoyez de bonnes chaussettes.

■ Mettre dans votre sac à dos l'un de ces nouveaux petits guides sur la nature animera la randonnée. Ils sont légers et peu coûteux. Pour reconnaître facilement les orchidées sauvages et les différentes fougères. Cela évite de marcher n'importe où et d'écraser des espèces rares ou protégées.

■ Pour garder les souvenirs de la randonnée, des fleurs et des papillons, rien de tel qu'un appareil photo.

■ Les barrières et les clôtures servent à protéger les troupeaux ou les cultures. Une barrière ouverte sera refermée.

■ Les chiens sont tenus en laisse. Ils sont interdits dans les parcs nationaux et certaines zones protégées.

SUIVEZ LE BALISAGE POUR RESTER SUR LE BON CHEMIN.

LE BALISAGE DES SENTIERS	PR®	GR®	GRP®
Bonne direction			
Tourner à gauche			
Tourner à droite			
Mauvaise direction			

© FFRP - Reproduction interdite

PR — LE CHATEAU — 2h

Topo-guide des sentiers de Grande randonnée, sentiers de Grande randonnée, GR, GR Pays, PR, «... à pied», « les environs de .... à pied » sont des marques déposées ainsi que les marques de couleur blanc/rouge et jaune/rouge. Nul ne peut les utiliser sans autorisation de la FFRP.

La randonnée : une passion FFRP !

Des sorties-randos accompagnées, pour tous les niveaux, sur une journée ou un week-end : plus de 2700 associations sont ouvertes à tous, dans toute la France.

Un grand mouvement pour promouvoir et entretenir les 180 000 km de sentiers balisés. Vous pouvez vous aussi vous impliquer dans votre département.

Des stages de formations d'animateurs de randonnées, de responsables d'association ou encore de baliseurs, organisés toute l'année.

Une garantie de sécurité pour randonner bien assuré, en toute sérénité, individuellement ou en groupe, grâce à la licence FFRP ou à la RandoCarte.

Pour connaître l'adresse du Comité de votre département, pour tout savoir sur l'actualité de la randonnée et découvrir la collection des topo-guides :

www.ffrp.asso.fr

Centre d'Information de la FFRP
14, rue Riquet 75019 Paris - Tél : 01 44 89 93 93
Ouvert du lundi au samedi de 10h à 18h.

INFOS PRATIQUES

Où s'adresser ?

■ Comité départemental du tourisme (CDT)

Le CDT publie des brochures (gratuites) mises à jour sur les activités, les séjours et l'hébergement dans le Calvados ainsi que la liste des offices de tourisme et syndicats d'initiative.
- Comité départemental du tourisme du Calvados, place du Canada, 14000 Caen, tél. 02 31 86 53 30

■ Syndicats d'initiative et offices de tourisme

- Arromanches, tél. 02 31 21 47 56
- Asnelles, tél. 02 31 21 94 02
- Aunay-sur-Odon, tél. 02 31 77 60 32
- Bayeux, tél. 02 31 51 28 28
- Cabourg, tél. 02 31 91 01 05
- Caen, tél. 02 31 27 14 14
- Caumont-l'Eventé, tél. 02 31 77 50 29
- Clécy, tél. 02 31 69 79 95
- Condé-sur-Noireau, tél. 02 31 69 27 64
- Falaise, tél. 02 31 90 17 26
- Honfleur, tél. 02 31 89 23 30
- Isigny-sur-Mer, tél. 02 31 21 46 00
- Le Bény-Bocage, tél. 02 31 67 89 17
- Lisieux, tél. 02 31 62 08 41
- Livarot, tél. 02 31 63 47 39
- Merville-Franceville, tél. 02 31 24 23 57
- Orbec-en-Auge, tél. 02 31 32 87 15
- Ouistreham-Riva-Bella, tél. 02 31 97 18 63
- Pont-l'Evêque, tél. 02 31 64 12 77
- Port-en-Bessin, tél. 02 31 21 92 33
- Saint-Pierre-sur-Dives, tél. 02 31 20 81 68
- Thury-Harcourt, tél. 02 31 79 70 45
- Trévières (point info en été), tél. 02 31 22 04 60
- Troarn, tél. 02 31 39 14 22
- Trouville, tél. 02 31 14 60 70
- Ver-sur-Mer, tél. 02 31 22 21 72
- Vire, tél. 02 31 68 00 05

■ Divers

- Gîtes de France du Calvados
6, promenade Madame-de-Sévigné, 14050 Caen Cedex, tél. 02 31 82 71 65
- Association de la petite hôtellerie du Calvados
66, avenue de Thiès - Péricentre III, 14000 Caen, tél. 02 31 93 63 96
- Maison de la nature et de l'estuaire de l'Orne
boulevard Maritime, 14121 Sallenelles, tél. 02 31 78 71 06
- Musée d'initiation à la nature (siège du CPIE)
Hôtel de Ville, 14000 Caen, tél. 02 31 30 43 27
- Parc naturel régional des marais du Cotentin et du Bessin
Manoir de Cantepie, 50500 Les Veys, tél. 02 33 71 61 90

■ La Fédération française de la randonnée pédestre (FFRP)

- Le Centre d'Information de la FFRP
Pour tous renseignements sur la randonnée pédestre en France et sur les activités de la FFRP
14, rue Riquet, 75019 Paris, tél. 01 44 89 93 93, internet : www.ffrp.asso.fr
- Le Comité départemental de la randonnée pédestre (CDRP)
Comité départemental du tourisme pédestre du Calvados (CDTP)
Chambre d'Agriculture, 6, promenade Madame-de-Sévigné, 14050 Caen Cedex, e-mail : cdtp.calvados@wanadoo.fr

Le Calvados, un inventaire à la Prévert

Entre le Bassin parisien et le socle granitique breton, entre la vaste plaine de Caen à Falaise et la Suisse normande, de l'embouchure majestueuse de la Seine aux marais de celle de la Vire, de l'élaboration des foies gras à la fabrication de la carte à puce, il est vrai que le Calvados ne peut se dire en quelques mots.

Le Calvados est normand et fier de l'être.

Les gens d'ici vous parleront de leur amour pour leur terre comme ils vous parleront de leur attirance pour leur mer. En fait, chacun d'entre eux vous racontera son pays : celui du Bocage ou du pays d'Auge, celui de Falaise ou de la Côte Fleurie, ou bien encore celui de la Côte de Nacre ou du Bessin.

Dans le Calvados, entre vert et bleu, entre terre et mer, nul ne saurait trouver la frontière : il n'y en a jamais eu vraiment tant les couleurs et les paysages se répondent les uns aux autres.

■ **Anne d'Ornano**
Présidente du Conseil général du Calvados

Estuaire de l'Orne. *Photo J.M. G.*

Découvrir le Calvados

Plateaux et bocages sous le signe du Conquérant

Le Calvados est à cheval sur le Massif armoricain (Bocage normand) et le Bassin parisien (Bessin, campagne de Caen et pays d'Auge).
Le Bessin est un bas plateau calcaire qui se heurte, au sud, au schiste du Bocage. On y trouve des bois et des forêts. Le Bessin est le paradis de la vache laitière. Des fermes d'importance révèlent l'aisance ancienne. Vers la Baie des Veys, et le long des rivières

Le viaduc de Clécy vu de la Croix de la Faverie. *Photo G. P.*

qui s'y jettent, on trouve les *prés marais* qui, l'hiver, s'inondent en attendant l'arrivée des bovins au printemps (Parc naturel des Marais).
Le Bocage est la région la plus accidentée du Calvados. Il s'agit de l'extrémité du Massif armoricain dont le mont Pinson (365 m) est l'Everest du département. Le climat est rude. Les sols sont pauvres et ingrats, faits de grès, schistes et granits. On trouve des vallées pittoresques. Les fermes sont petites et isolées.
Les riches plaines de Caen et de Falaise sont en fait des bas plateaux, qui se prolongent jusque dans l'Orne et séparent les contreforts argileux du pays augeron des collines du Bocage. Les grandes exploitations agricoles règnent sur cette région.
Le pays d'Auge est un plateau calcaire recouvert d'argile à silex et de limon. Il est parcouru de nombreuses vallées. Au printemps, des hectares de pommeraies se vêtent de blanc et de rose.
Les deux événements majeurs de l'histoire du Calvados sont le règne du duc de Normandie, Guillaume, qui conquit l'Angleterre en 1066, et le débarquement allié du 6 juin 1944. Maints lieux du département rappellent le Conquérant : la ville de Caen qui prit son essor grâce à lui et où il fut inhumé, Falaise où il naquit et Bayeux où est conservée la tapisserie qui narre la conquête. Lors du débarquement de 1944, la Normandie devint le théâtre de combats acharnés et paya un lourd tribut à la libération de l'Europe.

Des cormorans aux pur-sang

Le Calvados est un département côtier. Ses plages subissent le rythme des marées. On découvre sur l'estran rocheux couvert d'algues une foule de petits organismes marins, gastéropodes et anémones. Le pêcheur à pied y ramasse coquillages et crabes. L'estran

Chardonneret élégant. *Photo N. V.*

Cormoran huppé. *Photo N. V.*

sableux profite aux coques et aux palourdes mais attire également de nombreux oiseaux marins en quête de nourriture : huîtrier pie, bécasseau, tournepierre, goéland marin, brun et argenté, tadorne de belon, mouette et cormoran... Ces oiseaux fréquentent aussi les marais littoraux et les embouchures des fleuves. On y aperçoit l'aigrette garzette, le héron cendré, l'avocette, le grèbe huppé, la bergeronnette, la pie-grièche, le hibou du marais... La cigogne ne dédaigne pas les marais de la Dives. Les falaises du Bessin abritent des mouettes tridactyles, des pétrels fulmars et sont longées par les sternes et les bernaches.

Les rivières sont fréquentées par la truite, le goujon et l'anguille ; le saumon remonte l'Orne.

Le bocage occupe l'essentiel de l'espace agricole du Calvados. Les haies brise-vent protègent les pâturages. Elles abritent un riche écosystème : insectes, oiseaux, rongeurs, blaireau et renard.

La plaine de Caen recèle l'alouette, la perdrix, le busard et, près des bosquets, la tourterelle, le rossignol, le loriot, le faucon...
La forêt de Cerisy, où l'on entend le pic noir, abrite le cerf mais également le rare scarabée à reflet d'or (réserve naturelle depuis 1976). Celle de Saint-Sever est habitée par le sanglier et le chevreuil.
Le Calvados est considéré comme le berceau de la race bovine normande et aujourd'hui encore les produits laitiers bénéficient d'une grande réputation. Les pur-sang que l'on retrouve sur les champs de course sont élevés dans les haras du Bessin et du pays d'Auge.

Le pays des haies

Lorsque l'on pense à la Normandie, on imagine tout de suite des pommiers dans un herbage. Or, dans le Calvados si l'on en trouve encore dans le Bocage et le pays d'Auge, aujourd'hui, on plante des pommiers de basse tige. Mais la réalité du paysage est celle des haies entourant le vert éclatant des pâturages. Elles

Fabrication du cidre. *Photo CDT 14*

Véronique petit-chêne. *Photo N. V.*

courent dans le département sur 34 000 km. Dans le Bessin, ces haies, faites d'arbres de haut jet, ont beaucoup souffert de la maladie de l'orme. Dans le pays d'Auge, elles sont plus basses, sans talus, et entourent des parcelles plus petites. Traditionnellement, dans le Bocage, elles sont plantées sur talus et sont constituées de trois étages de végétation : entre des arbres étêtés pour leur bois de chauffe, orme, hêtre, chêne, voire châtaignier, on trouve coudriers, prunelliers, frênes qui forment un second niveau. Les herbes et les ronces constituent au pied le troisième niveau. Protégeant les prés du dessèchement, elles sont le refuge de nombreux animaux. Au printemps, la primevère, la violette et la jonquille ne dédaignent pas les chemins creux qui courent entre ces haies.

A la forêt linéaire des haies s'ajoute la forêt véritable où l'essence dominante est le chêne (environ 55 %). Le patrimoine sylvestre du Calvados (40 000 ha) est constitué de deux forêts domaniales, Cerisy et Saint-Sever, d'une forêt communale, Grimbosq, et de deux massifs privés, Saint-Gatien et Cinglais. A cela s'ajoute une multitude de bois.

Les plaines de Caen et de Falaise, espaces ouverts, sont le domaine des grandes cultures. Colza, lin, betterave à sucre, maïs, orge, avoine et blé s'y succèdent. Parfois, sur les versants de vallées, on trouve de rares coteaux calcaires où, selon l'exposition, la végétation s'apparente à celle des régions méditerranéennes (origan, thym, orchidées).

Jonquille. Photo N. V.

Un riche passé préservé

Le dense réseau de villages et de hameaux du Bessin, où se reflètent les matériaux du sous-sol, offre toute sa panoplie d'églises qui ont beaucoup souffert en juin 1944, mais ont été bien restaurées. Elles renferment d'intéressants éléments romans ou gothiques. Ces églises sont ouvertes au public à travers l'opération *Le Bessin, églises au cœur*.

Quitter cette région sans s'attarder sur le magnifique ensemble architectural que sont les châteaux de Creully, Fontaine-Henry, Brécy (et ses jardins), Balleroy, l'abbaye de Mondaye, le prieuré Saint-Gabriel et l'église romane de Thaon, bâtis en couronne autour de la cathédrale romano-gothique de Bayeux,

Digitale pourpre. Photo N. V.

21

serait un manque... Sans oublier, bien sûr, la fameuse *Tapisserie de la Reine Mathilde*.

La côte a été l'un des sites du Débarquement en 1944 et nombreux sont les lieux de souvenir comme Arromanches, Saint-Laurent-sur-Mer et la pointe du Hoc. Le beurre, le lait, la crème et les produits de la mer, issus de cette région, sont aussi l'occasion de découvertes savoureuses.

Les bourgs du Bocage sont souvent construits autour de nœuds routiers qui leur valurent d'être anéantis en juin 1944 : Villers-Bocage, Aunay-sur-Odon, Condé-sur-Noireau. Vire reste attrayante avec ses façades pourtant neuves, ses toitures d'ardoises et ses vieux monuments. Son andouille régale le touriste allant au Mont-Saint-Michel. Saint-Sever, au pied de sa collégiale, est coiffée par une vaste forêt qui domine un large panorama. Les paysages du Bocage virois ont un charme égal par jours de vent comme par grand soleil.

Bayeux, cathédrale. *Photo G. R. CDT 14*

Bonnebosq, manoir du Champ Versan.
Photo O. H. CDT 14

Caen, chef-lieu de région, a conservé, malgré les destructions de juin 1944, la marque royale de son fondateur : le duc Guillaume le Conquérant. De cette époque subsistent les deux abbayes aux Hommes et aux Dames, le chef-d'œuvre roman qu'est Saint-Nicolas et l'imposant château. Vinrent ensuite les églises Saint-Pierre et Saint-Jean, l'Hôtel d'Escoville, la maison des Quatrans, le manoir des Gens d'Armes et le moderne mémorial dédié à la Paix. Ne quittez pas la ville sans goûter aux fameuses tripes à la mode de Caen.

Au sud du département, au *cœur de Normandie*, on découvre la cité de Falaise au glorieux passé. Son château dominé par un superbe donjon vit naître Guillaume le Conquérant cher aux Normands. La ville abrite de belles églises et on visitera avec profit une exposition dénommée *Automates Avenue*.

Dans le pays d'Auge, vous ne manquerez pas les manoirs Renaissance à colombages et tuileaux roses ou à damiers de pierres polychromes. Vous déambulerez dans les rues de Pont-l'Évêque, Orbec, Livarot et Saint-Pierre-sur-Dives. André Gide à La Roque-Baignard, Flaubert à Trouville, Marcel Proust à Cabourg sont autant d'invitations à la promenade littéraire. N'oubliez pas la gastronomie avec les trois fromages normands, camembert, pont-l'évêque et livarot, qui sont augerons ! De même, on appréciera les grands crus de cidre, de calvados et, plus récent, de pommeau.

Plateau de fromages. *Photo CDT 14.*

Lisieux, c'est, certes sainte Thérèse, le Carmel, la basilique, mais c'est aussi la belle cathédrale gothique, l'ancien palais épiscopal du 17e siècle, les maisons à colombages rescapées de 1944 et, tout près de là, le roi des manoirs augerons : Saint-Germain-de-Livet.

On ne peut parler du pays d'Auge sans évoquer la Côte Fleurie avec le port, les vieilles rues et les expositions de peinture de Honfleur, véritable Montmartre normand (Corot, Boudin...), et les plages mondaines de Trouville, Deauville, Houlgate et Cabourg. L'automne augeron est superbe avec les ors des frondaisons et les brumes légères où s'irise le soleil.

Manoir de Coupesarte. *Photo G. R. CDT 14*

Isigny-sur-Mer
GR 223
GRP
PR
Variante
1
2
3
4
5
6
7
8
Rupalley
la Madeleine
le Neufbourg
le Haut Moncel
le Hameau Feugères
la Chapelle St-Roch
le Bois du Parc
St-Lambert
la Pilonnerie
Neuilly-la-Forêt
la Chaussée
Fumichon
le Pont Bénard
les Oubeaux
la Belle Croix
les Clerbosq
Hameau Fontaine
la Tonnellerie
la Halte du Vey
Pont du Vey
Ferme d'Equville
la Fouquette
Chanteraine
la Hérissière
le Hameau Trouet
les Hauts Vents
le Grand Marais
Pont de la Flotte
Bauquet Marais
les Carrières
la Vente
la Bougue d'Elle
Bois de la Bougue d'Elle
la Hoguette
les Vignes
Tringale
la Rivière
Silly
0
1 km
Cartes IGN 1311-1411
1312-1412

Au pays d'Isigny

Fiche pratique 1

5 h 45 — 23 Km

Au cœur du parc naturel Régional des Marais du Cotentin et du Bessin, partez à la découverte d'Isigny-sur-Mer, réputé pour sa crème et son beurre, et de Neuilly-la-Forêt.

❶ Suivre le port vers l'aval, contourner l'étang *(aire de pique-nique)* et le camping, puis aller à gauche.

❷ Au carrefour, suivre à droite le tracé de l'ancienne voie ferrée.

❸ Passer sous la N 13 et poursuivre en face.

▶ Une variante permet de revenir à Isigny *(boucle de 9 km)* : voir tracé en tirets sur la carte *(balisage jaune)*.

❹ Continuer. Aller à gauche vers la chapelle Saint-Roch, puis emprunter le chemin à droite vers la vallée *(refermer les barrières)*, passer sous la voie et gagner Saint-Lambert.

▶ Une variante passe à Neuilly *(fontaine Saint-Siméon)* : voir tracé en tirets sur la carte *(balisage jaune)*.

❺ Descendre la rue, passer l'Elle. Négliger le chemin à droite, bifurquer à gauche.

Au pont Grisey, aller en face *(abri)* et suivre la chaussée. Prendre à gauche, franchir le pont puis passer sous la voie ferrée et gagner Fumichon.

❻ Monter la route. Au Hameau-Triquet, virer à gauche, puis à droite et s'engager dans un chemin à gauche. Suivre la D 195 à droite. Traverser La Belle-Croix.

❼ Peu avant La Forêt, aller à gauche. Aux Landes, s'engager à gauche dans un chemin. Prendre à droite une route et gagner Les Oubeaux. Passer l'église, prendre la route à gauche.

Suivre la route à droite. Prendre le chemin à gauche, remonter, aller à droite au Pont-Bénard. Suivre la rue en face. Passer La Bazonnière. Emprunter le chemin à gauche. Passer la ferme de La Petite Fontaine. Prendre le chemin à gauche en contrebas. Couper le croisement, remonter aux Brouaises, longer le château d'eau et gagner La Madeleine. Prendre à droite, puis à gauche, couper une route.

❽ Tourner à droite, bifurquer à gauche. Suivre la D 197 à droite, passer le pont, utiliser la route à droite. Au carrefour, emprunter la ruelle en face *(VTT : rejoindre Isigny tout droit puis à droite)*.

❷ Pour revenir, suivre les pancartes du camping du Fanal.

Situation Isigny-sur-Mer, à 31 km à l'Ouest de Bayeux par la N 13

Parking aire de pique-nique (près du plan d'eau : accès par le port d'Isigny)

Balisage
❶ à ❸ blanc-rouge
❸ à ❼ blanc-rouge
❼ à ❷ jaune
❷ à ❶ blanc-rouge

Ne pas oublier

À voir

En chemin

■ Isigny-sur-Mer : monument 1944, église 13e-14e remaniée 19e, centre laitier, chapelle Saint-Roch 16e
■ Neuilly-la-Forêt : vestiges du château des évêques de Bayeux (privé) 13e-15e, église 12e-13e (nef 19e)

Dans la région

■ forêt domaniale de Cerisy
■ Le Molay-Littry : musée de la Mine, moulin de Marcy

Au pays du beurre

*I*signy-sur-Mer est certes un petit port normand, mais ce bourg donne surtout son nom à un beurre et à une crème très réputés qui ont reçu un label d'Appellation d'Origine Contrôlée. Ces beurres, jadis conservés grâce au sel des marais et exportés à partir du port, sont célèbres dès le 17e siècle. Aujourd'hui, Isigny est un centre ostréicole important et une étape gastronomique.
La ville fut sinistrée à 60 % lors du Débarquement et reconstruite grâce à l'aide de la ville de Versailles. Le parc, situé devant l'hôtel de ville, ancien château des Bricqueville, fut dessiné par les maîtres-jardiniers de la ville royale. C'est sur la place Charles-de-Gaulle qu'eut lieu la première allocution du général le 16 juin 1944. Isigny est aussi la patrie de J.-B. Delaunay, député de Caen à l'Assemblée nationale qui fit adopter le nom de « Calvados » en 1790. La famille d'Isney, dont Walt Disney est le descendant, serait originaire d'Isigny. Depuis le port, la vedette Colonel Rudder propose des sorties en mer.

Vache normande. Photo O. H. CDT 14

Neuilly-la-Forêt

*N*euilly-la-Forêt tire son nom de la forêt qui l'avoisinait autrefois. Cette terre, comme Isigny, fut donnée à l'évêque de Bayeux, Odon, demi-frère de Guillaume le Conquérant. Son château devint la résidence de campagne et le refuge des évêques en cas de troubles. En 1341, il fut assiégé par Geoffroy d'Harcourt que le roi de France obligea à s'enfuir.
En 1346, les Anglais, conseillés par Geoffroy, envahirent la Normandie et brûlèrent le château : cet événement fut l'un des premiers épisodes de la guerre de Cent Ans. Après avoir subi

de nombreux sièges, le château fut démantelé en 1590. Depuis, on peut encore apercevoir ce qu'il en reste près de la rivière Elle (propriété privée).
Les bassins de la Vire et de l'Elle, son affluent concentrent des herbages où paissent des vaches qui produisent un lait réputé.
A proximité de la confluence des deux rivières, se trouve le hameau de Saint-Lambert qui fut jadis, dit-on, un repaire de pirates vikings.

Le château de Neuilly-la-Forêt.
Photo G. P.

Le Parc naturel régional des Marais

Les marais de l'Aure et de la Vire, creusés au-dessous du niveau actuel de la mer dans les couches tendres du Lias et du Trias ont été comblés de tourbe et de vase marine vers l'aval, lors de la remontée des mers, à la fin de la période froide du Quaternaire. Les marais sont de vastes pâturages l'été ; les vaches qui y paissent produisent ce qui deviendra le beurre et la crème d'Isigny. En hiver, ces pâturages, en raison des pluies abondantes, « blanchissent » sous les eaux douces, car depuis le 18e siècle des portes à flot empêchent l'eau de mer d'y pénétrer. En 1991, est créé le Parc naturel régional des Marais du Cotentin et du Bessin englobant le territoire de ces marais ainsi que ceux du Cotentin. La richesse en oiseaux et en plantes aquatiques, l'originalité des sols tourbeux et la fragilité de ce milieu ont conduit à la création de ce parc, le vingt-septième en France. Au cours des dernières années, le contexte économique et le vieillissement de la population ont entraîné pour ces zones le désengagement de l'homme.
C'est pourquoi le Parc naturel a pour objectif de maintenir les activités agricoles traditionnelles mais aussi de promouvoir des produits touristiques. En résumé de soutenir l'économie locale.

Roseau.
Dessin N. L.

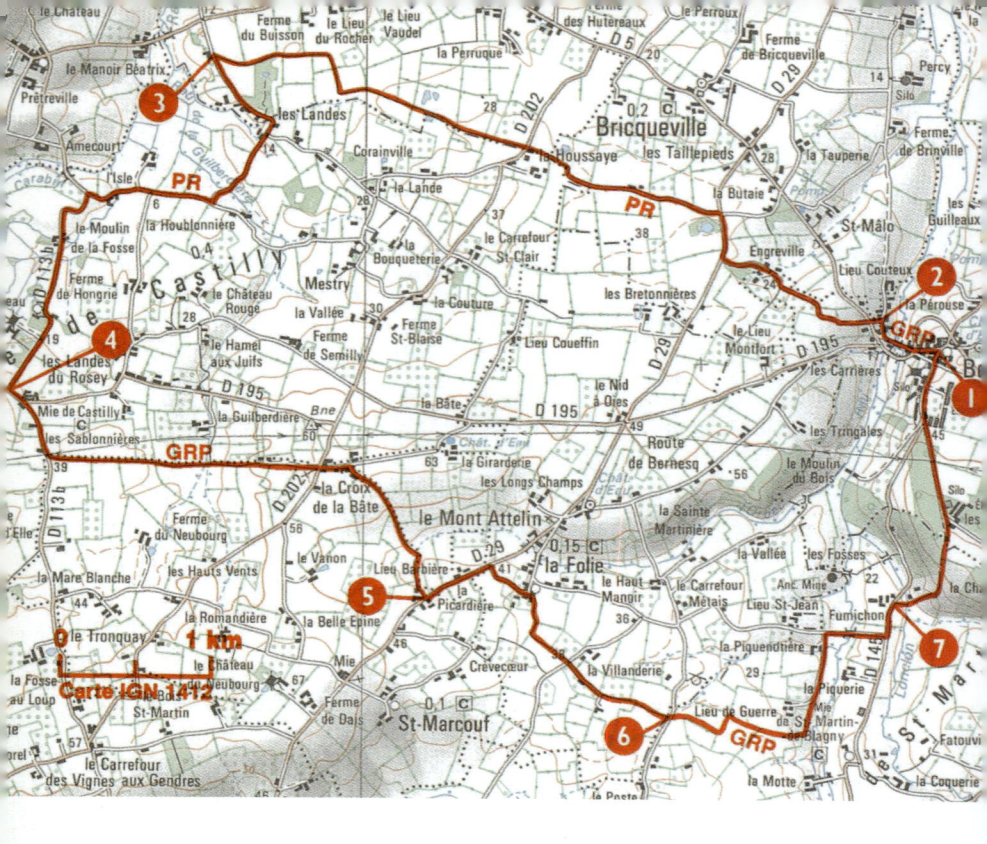

Renart dans le Bessin

Le bassin houiller de Saint-Martin-de-Blagny, exploité à partir du 18e siècle et profond de 200 mètres, était nommé le bassin de Fumichon.

Château de Bernesq. *Photo G. P.*

Le *Roman de Renart*, classique français, a été écrit au 12-13e siècle par une vingtaine d'auteurs dont Richard de Lison (village au sud-ouest de Saint-Martin). Sa contribution a pour cadre trois cantons du Bessin (Balleroy, Trévières et Isigny). « Bientôt se joint aux chasseurs, le prêtre du Breuil-en-Bessin qui fait route vers Saint-Martin-de-Blagny. Tibert réussit à s'enfuir *tôt le chemin de Blagny*. A hauteur de Tournières, entre la Chênée et la lande de Bernesq, il rencontre Renart qui n'en croit pas ses yeux. Il lui annonce son intention de l'emmener avec lui à Saint-Martin à « Blaengnié » où ils diront l'office. »

Le Bessin secret

Fiche pratique 2

5 h — 20 Km

Suivre ces petites routes et chemins bordés de haies, c'est partir à la découverte du Bessin secret !

❶ De l'église de Bernesq, descendre la rue Monte-à-Regret, couper la D 5, franchir l'Esque et prendre la rue à droite.

❷ Monter la ruelle à gauche. Couper à nouveau la D 5 et suivre le chemin en face qui devient ruelle. Emprunter la D 29 à droite, puis la première route à gauche. Traverser la D 202, prendre le chemin en face. Plus loin, bifurquer à droite, puis à gauche.

❸ Suivre la route à gauche. Aux Landes, négliger la route de gauche, continuer jusqu'à un carrefour en T. Prendre à droite, puis la seconde route à gauche vers Castilly. Passer l'église, puis le château.

❹ Prendre la D 195 à gauche. A la mairie, emprunter la D 113b à droite. S'engager dans le sentier à gauche. A La Croix-de-la-Bâte, couper la D 202. Poursuivre sur 250 m, puis tourner à droite et gagner la ferme de La Picardière.

❺ Emprunter la D 29 à gauche, puis aller à droite jusqu'à l'entrée de La Folie. Poursuivre tout droit dans un chemin ombragé qui bifurque à gauche. Couper une route, suivre la rue en face sur 300 m. Elle devient sentier.

❻ A la route, s'engager en face dans le chemin devenant plus étroit bifurquer à gauche puis à droite. Suivre une route à partir de Lieu-de-Guerre. Passer la ferme de La Piquenotière *(ferme-auberge)*. A l'intersection, aller à droite. Partir à gauche sur la D 145 et passer devant la ferme de Fumichon *(gîte d'étape et de groupe, camping à la ferme)*.

❼ Dans la descente, avant le pont, s'engager à droite dans un sentier en sous-bois. Franchir le London à gué (contourner le puits minier n°1 de Fumichon). Remonter le sentier caillouteux jusqu'à une route (prudence pour les VTT). Continuer et rejoindre Bernesq.

Belette. *Dessin P. R.*

Situation Bernesq, à 21 km à l'Ouest de Bayeux par la D 5

Parking église

Balisage
❶ à ❷ jaune-rouge
❷ à ❹ jaune
❹ à ❶ jaune-rouge

Ne pas oublier

À voir

En chemin

■ Bernesq : château Renaissance (propriété privée), église 19e
■ Castilly : château 18e (propriété privée), église (vitraux, Vierge en pierre 18e)
■ La Folie : église 15e-16e (vestiges romans, retables 18e-19e)

Dans la région

■ Colombières : château 15e-17e (ouvert à la visite), église 13e-14e ■ Le Molay-Littry : musées de la Mine, moulin de Marcy

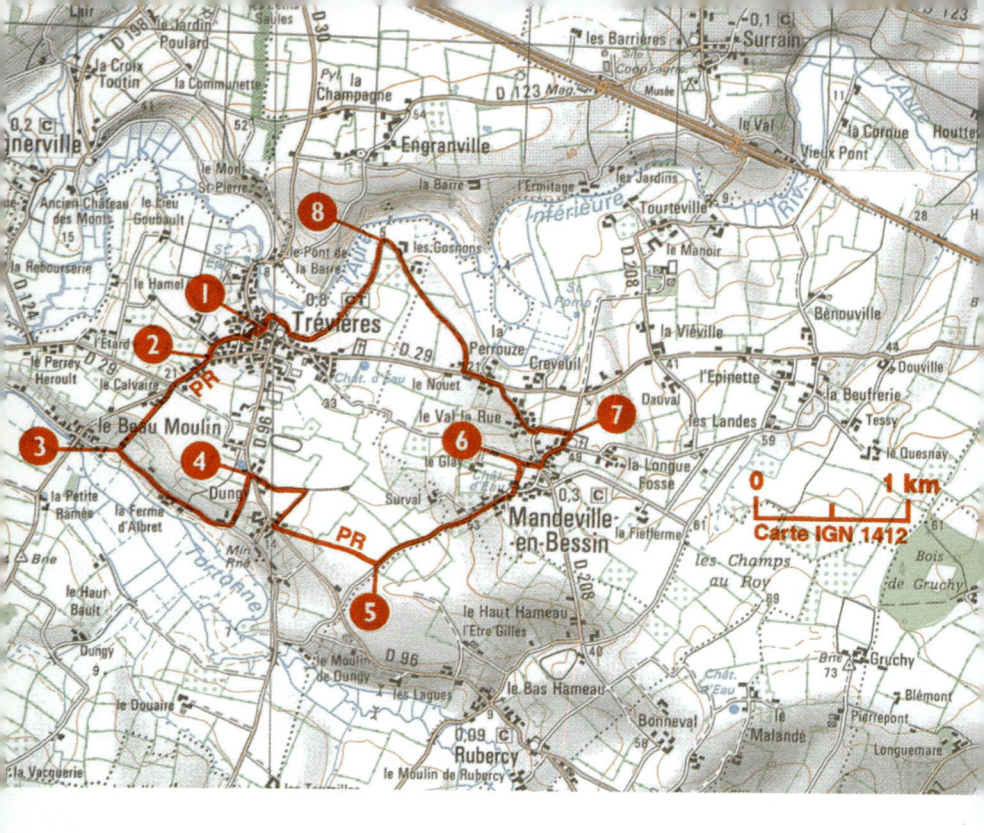

Fermes-manoirs des marais

Cette région du Parc naturel régional des Marais du Cotentin et du Bessin présente des fossés en réseau qui irriguent les pâturages des vallées de l'Aure et de la Tortonne. Les pluies d'hiver abondantes les font déborder et inondent les prairies. Ils renferment une faune et une flore aquatiques très riches. Les herbages où pâturent les vaches et les chevaux sont une halte pour les oiseaux migrateurs. Au fil des saisons, la faune sauvage, la flore préservée, les haies bocagères, les activités traditionnelles de l'agriculture et la pêche offrent au promeneur un spectacle toujours renouvelé.

De nombreuses fermes-manoirs avec entrée monumentale témoignent du riche passé, telle la ferme-manoir de Douville. A voir : Le Beau Moulin, monument historique sur la Tortonne.

Manoir de Douville. Photo Ph. Gay/CDT 14

Au cœur des marais

Fiche pratique 3

Majestueux, le beau moulin veille sur les marais de l'Aure et de la Tortonne et vous invite à la découverte des paysages variés.

❶ Descendre les marches, se diriger vers la poste, prendre à droite la rue de Laheudrie. Passer le stop et suivre en face la rue de la Gloriette.

❷ Au stop, monter à droite la rue du Calvaire. Au calvaire, descendre le chemin juste à gauche qui mène à une route *(Le Beau Moulin, monument historique privé : aller à droite sur 300 m)*.

❸ Tourner à gauche sur la route. Passer devant les fermes d'Albret et de Saint-Rémy. Après la pancarte *Dungy*, prendre le chemin à gauche longeant une habitation.

❹ A la route, traverser tout droit *(carrefour dangereux)*. Emprunter le chemin à droite et obliquer à droite au chemin suivant. Au hameau, bifurquer à gauche dans le chemin.

❺ A la sortie, tourner à gauche pour suivre la voie goudronnée. Après le château d'eau, prendre à gauche le chemin jusqu'à la route (si le chemin est trop humide, continuer tout droit et descendre vers l'église de Mandeville-en-Bessin ; *possibilité de partir sur la route à gauche pour regagner directement Trévières)*.

❻ Prendre la route à droite, puis obliquer à gauche et gagner tout droit la mairie. Passer devant l'église *(ouverte)*.

❼ Bifurquer à gauche dans Le Val-de-la-Rue. Poursuivre à droite sur la route en descente *(ancien lavoir situé à droite)*. Prendre la D 29 à gauche *(prudence)*, puis obliquer à droite vers Les Gosnons *(la butte du Castillon, entourée par l'Aure, indiquerait le site d'un ancien château)*. En bas, après la ferme, rejoindre un chemin empierré *(à droite, le chemin mène à un ancien pont, jadis emplacement du moulin du Fossé)*.

❽ Tourner à gauche dans le chemin qui ramène à l'église de Trévières. Monter le chemin, passer à droite sous l'église et ressortir par le chemin de la Mare-au-Tas près de la maison natale d'Octave Mirbeau *(pamphlétaire anticlérical, romancier)*. Retrouver en face la place du Marché.

---

3 h — 9 Km

Situation Trévières, à 16 km à l'Ouest de Bayeux par les N 13 et D 29

Parking La Gloriette (place du Marché)

Balisage jaune

Ne pas oublier

À voir

En chemin

■ Trévières : patrie d'Octave Mirbeau, pont du Moyen Age en amont sur l'Aure, fermes-manoirs, église remaniée au 19e ■ Le Beau-Moulin : propriété privée 17e ; atelier de poterie ■ Mandeville-en-Bessin : ferme-manoir de Douville 16e-17e-18e (ouverte à la visite), église 14e-15e

Dans la région

■ Colombières : château 15e-17e (ouvert à la visite), église 13e-14e ■ Bayeux : maisons et hôtels anciens, cathédrale et tapisserie dite de « la reine Mathilde »

31

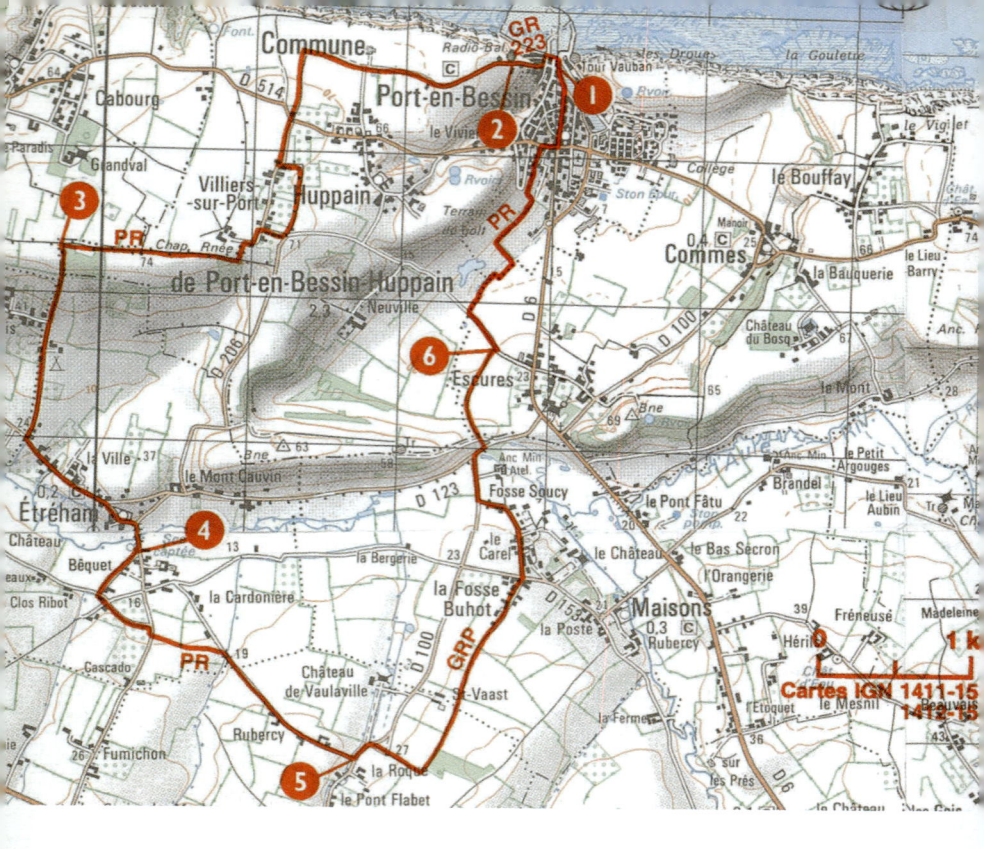

Les fosses de Soucy et Port-en-Bessin

Après avoir reçu son affluent, la Drôme, l'Aure bute sur les pentes du mont Cavalier et disparaît.

Ce phénomène de disparition des eaux est unique dans le nord-ouest de la France. Naguère, à marée basse, les Portaises venaient encore laver leur linge dans l'avant-port de Port-en-Bessin où sourdent les eaux de l'Aure, disparues à 3 km de là. Niché entre deux falaises marneuses, Port-en-Bessin, jumelé avec Saint-Pierre-et-Miquelon, est le premier port de pêche normand. Port qui fut donné à Odon, évêque de Bayeux, demi-frère de Guillaume le Conquérant. La Tour Vauban, bâtie en 1694, est le seul témoin des défenses prévues pour un port militaire non réalisé. Libéré dans la nuit du 7 au 8 juin 1944, ce port recevra le premier pipeline d'essence venant d'Angleterre.

Falaises du Bouffay.
Photo G. P.

32

Autour de Port-en-Bessin

Fiche pratique 4

3 h 45 — 15 Km

Sterne pierregarin. *Dessin P. R.*

Situation Port-en-Bessin, à 9 km au Nord de Bayeux par la D 6

Parking quai Letourneur

Balisage
- ❶ à ❷ blanc-rouge
- ❷ à ❺ jaune
- ❺ à ❻ jaune-rouge
- ❻ à ❶ jaune

Ne pas oublier

Les rivières du pays de Port-en-Bessin s'égarent dans le sous-sol calcaire. A votre tour, perdez-vous dans la verte campagne.

❶ Du quai Letourneur, monter l'escalier entre les maisons, la rue de La Croix et la rue du Phare. Suivre la route.

❷ Continuer jusqu'au sémaphore. Utiliser le chemin parallèle à la côte, bifurquer à gauche. Couper la D 514, prendre la rue de Villiers. S'engager sur le sentier à gauche. A l'intersection, prendre la rue à droite, puis tourner à gauche. Après les ruines de l'église, suivre à droite un chemin rectiligne.

❸ Descendre un chemin à gauche. A la route, continuer en face. Au carrefour avec la D 123, prendre à gauche la route jusqu'à Etreham. Passer le pont sur l'Aure Inférieure.

❹ Après le pont, prendre la sente à droite. Tourner à gauche sur la route. Au carrefour, poursuivre tout droit, puis emprunter la D 206 à droite. S'engager à gauche dans un chemin. Suivre la route à droite, passer la ferme de Rubercy.

❺ Suivre la D 100 à gauche. A hauteur du château de Vaulaville, prendre la première rue à droite devenant chemin, traverser La Fosse-Buhot. Couper la D 153, continuer en face. Au carrefour, suivre la D 100 à droite. Au niveau de la mare des Fosses-de-Soucy, tourner à droite sur la D 123. Monter un chemin à gauche, puis redescendre un sentier à droite jusqu'à une route.

❻ Prendre à gauche la petite route, puis le premier chemin de droite, herbu, dont l'entrée est barrée par une chicane. Il serpente entre les cultures et arrive à Port-en-Bessin entre un lotissement récent et un terrain de mobil-home. Regagner le point de départ en traversant le village.

À voir

En chemin

■ Port-en-Bessin : port pittoresque, tour Vauban 17e, église 19e ■ Villiers-sur-Port : manoir 12e-16e, ruines de l'église 12e-13e ■ Tour-en-Bessin : château de Vaulaville 18e et chapelle (ouvert à la visite)

Dans la région

■ Huppain : église 12e-13e
■ Tour-en-Bessin : église 12e-14e, décor sculpté

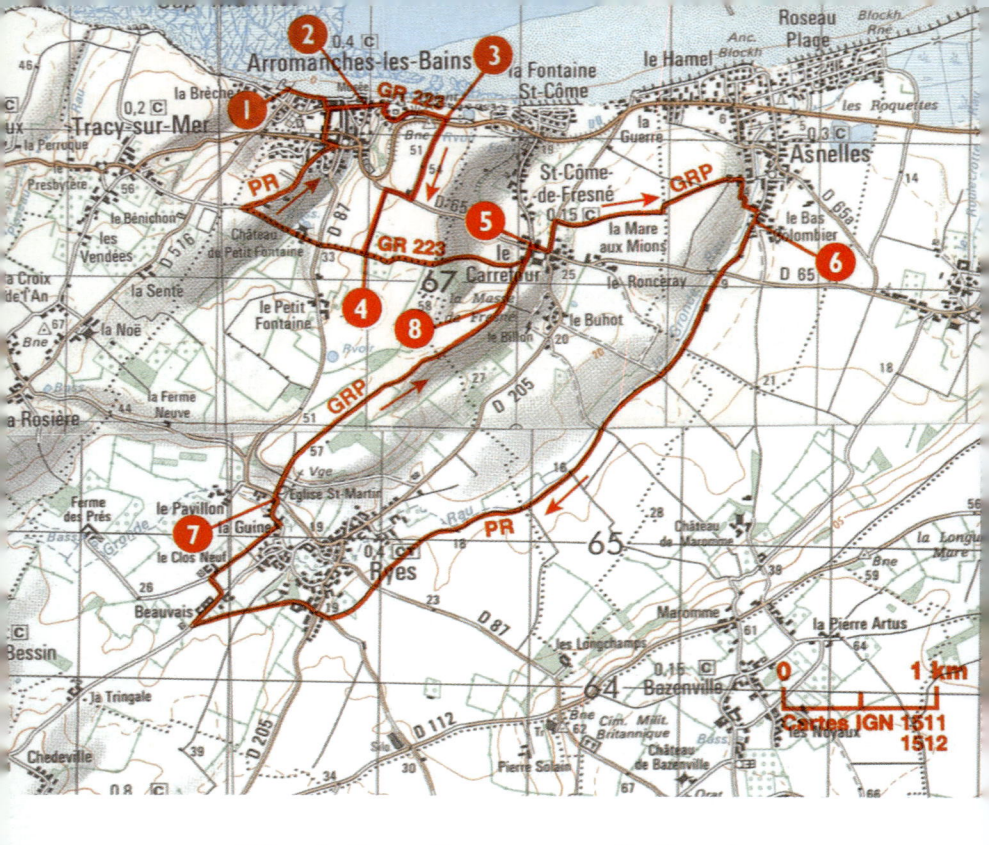

L'origine du nom « Calvados »

Vue d'Arromanches. Photo G. P.

« Quand tu verras le blanc moutier, prends garde au rocher » s'applique à l'église de Saint-Côme-de-Fresné en signalant le plateau du Calvados qui tirerait son nom d'un vaisseau échoué de la Grande Armada, le Salvador, en 1588. Le nom vient en réalité, selon le professeur Lepelley, de *Calvos dorsos*, dos nu, en raison de la forme des roches.

En 1790, le département, plutôt que de s'appeler Orne Inférieure ou Basse-Orne a été nommé Calvados sur la proposition de la sœur d'un élu du pays.

Arromanches connaît jusqu'en 1880 une activité de pêche mais elle devient ensuite une station balnéaire. Sa vocation portuaire renaîtra au cours de l'été 1944 avec la création du port artificiel. Il faut visiter le musée du Débarquement et le cinéma Arromanches 360°.

Le port d'Arromanches

Fiche pratique 5

4 h • 16 Km

Sur les traces du Débarquement, à la découverte des nombreuses richesses du patrimoine du Bessin.

❶ De l'entrée du parking, aller vers le centre ville et prendre à gauche la cale Neptune.

❷ Suivre à droite la digue jusqu'au musée du débarquement, le contourner en remontant la brèche. Monter par la rue Lucien-Joly. Ne pas prendre l'escalier mais passer devant le char Sherman et continuer la petite rue qui s'élève jusqu'au cinéma circulaire. Passer entre la table d'orientation et la route.

❸ Au bout du parking, traverser la D 514 par le chemin qui abouti à la D 65 qu'il faut prendre à droite sur quelques dizaines de mètres, puis le chemin de gauche.

❹ Au croisement en T, tourner deux fois à gauche. Le chemin descend à travers un bois, puis entre des prairies jusqu'à une ferme. Rejoindre la D65.

❺ La prendre à droite jusqu'au croisement avec la D 205. Suivre la « route du débarquement » que l'on quitte par le premier chemin de droite à l'entrée d'Asnelles. Dans les premières maisons, prendre la sente du Batard qui serpente entre deux talus, franchit la Gronde et conduit à la rue de l'église.

❻ La petite route aboutit à la D 65. Continuer en face par le chemin qui, sur environ 3,5 km longe la Gronde, puis coupe la D 87. Prendre à droite la D 127, rejoindre le carrefour avec la D 205. Continuer en face et gagner une route. La suivre à droite et prendre la rue à gauche vers Le Clos-Neuf. Suivre le chemin à droite et tout droit une rue.

❼ Prendre à gauche la D 87. Aller vers l'église de Ryes et suivre le chemin à droite longeant le cimetière. Couper l'ancienne voie ferrée et continuer tout droit.

❽ A l'ancienne masse (base) du moulin de Fresné, descendre tout droit jusqu'à la ferme du Carrefour. Prendre à gauche le chemin déjà parcouru à l'aller.

❹ Le chemin se prolonge par une avenue qui longe le château du Petit-Fontaine, puis par un chemin montant. A l'intersection, tourner à droite et redescendre sur Arromanches en suivant le chemin, puis le boulevard G-Longuet pour retrouver le point de départ.

Situation Arromanches, à 11 km au Nord-Est de Bayeux par les D 516 et D 514

Parking rue F.-Carpentier (gratuit)

Balisage
- ❶ à ❷ jaune
- ❷ à ❺ blanc-rouge
- ❺ à ❻ jaune-rouge
- ❻ à ❼ jaune
- ❼ à ❽ jaune-rouge
- ❽ à ❹ blanc-rouge
- ❹ à ❶ jaune

Ne pas oublier

À voir

En chemin
- Arromanches : restes du port artificiel de juin 1944, musée du Débarquement, cinéma circulaire 360°, table d'orientation, église 19e
- Ryes : église 12e-13e (chapiteaux), manoir du Pavillon 16e-17e ; base d'un ancien moulin à vent

Dans la région
- Bayeux : maisons et hôtels anciens, cathédrale et Tapisserie

35

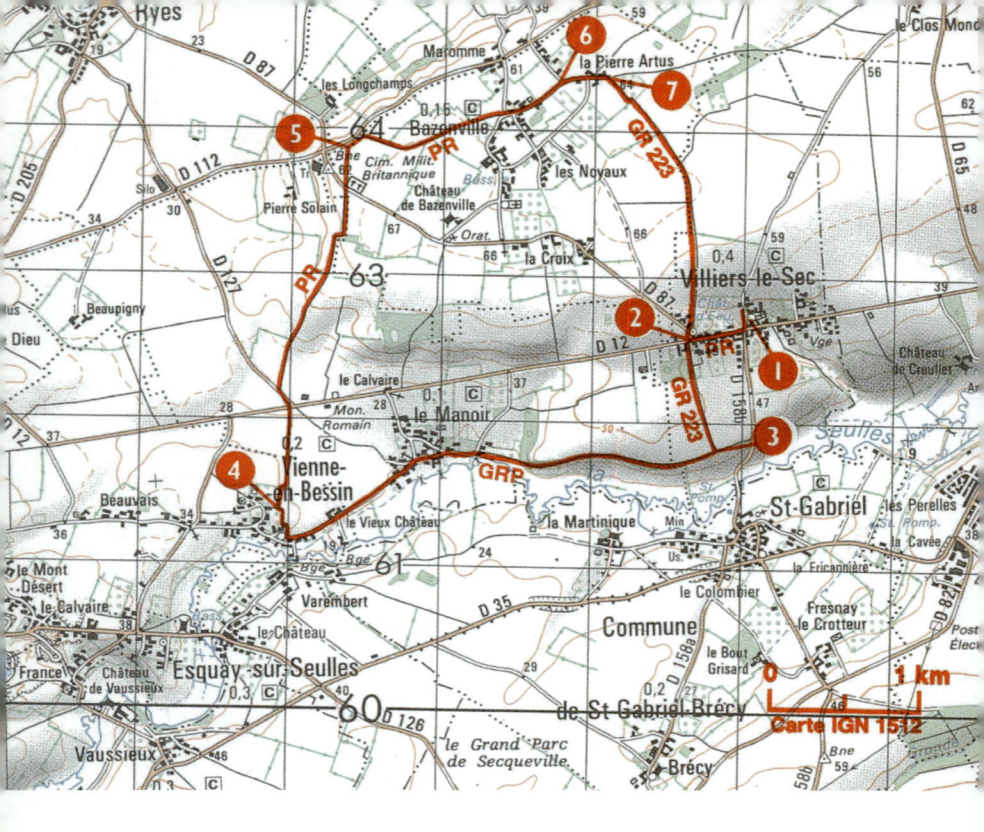

Autour de Bazenville

Une tradition raconte que Villiers-le-Sec se situait autrefois plus au Nord, mais qu'en raison du manque d'eau, on a déplacé le village tout en conservant le surnom de « sec ». On remarquera près de l'église le portail à triple entrées de l'ancien manoir du 17e siècle. La D.12, qui traverse le village, recouvre une ancienne voie romaine et on peut encore voir près du Manoir, la copie d'une borne milliaire romaine placée là en 52 après J.-C. On admirera aussi les restes du château de la famille de Vienne du 15e siècle avec un superbe porche-pigeonnier du 16e siècle. C'était, peut-être, le fief de l'amiral de France Jean de Vienne (1341-1396) compagnon d'arme de Du Guesclin.

Dans l'émouvant cimetière militaire de Ryes-Bazenville reposent 630 Britanniques et 328 Allemands.

Le Vieux château de Vienne-en-Bessin. *Photo G. P.*

Autour de Bazenville

Fiche pratique 6

3 h — 12 Km

Au-dessus de la vallée de la Seulles, Bazenville semble un îlot bocager au milieu des champs ouverts du Bessin oriental.

❶ De l'église de Villiers-le-Sec, descendre la rue et emprunter à droite la D 12 en direction de Bayeux.

❷ Tourner à gauche et suivre le chemin tout droit jusqu'à une descente rapide.

❸ Prendre le chemin à droite au-dessus de la vallée de la Seulles. Traverser Le Manoir et continuer tout droit jusqu'à Vienne-en-Bessin. Devant l'église, côté Nord, prendre à droite le chemin aux Anes.

❹ Partir à droite après un banc. Obliquer à droite puis à gauche entre deux champs pour rejoindre la D 12. Au carrefour, parcourir en face quelques mètres sur la D 127 vers Ryes. Tourner à droite dans le chemin de Sainte-Marie et remonter au cimetière militaire de Ryes-Bazenville. Couper la D 87 et longer le cimetière.

❺ Emprunter à droite la D 112 et bifurquer à droite sur le chemin rejoignant tout droit Bazenville. A la route, continuer en face sur 500 m et arriver à un carrefour.

❻ Prendre la rue des Alliés vers la droite et dépasser les maisons de Pierre-Arthus.

❼ Continuer à droite en direction du château d'eau de Villiers-le-Sec et gagner le carrefour au repère ❷.

❷ Prendre à gauche pour revenir au parking.

Primevères. *Dessin N. L.*

Situation Villiers-le-Sec, à 10 km à l'Est de Bayeux par la D 12

Parking église

Balisage
- ❶ à ❷ jaune
- ❷ à ❸ blanc-rouge
- ❸ à ❹ jaune-rouge
- ❹ à ❻ jaune
- ❻ à ❷ blanc-rouge
- ❷ à ❶ jaune

Ne pas oublier

À voir

En chemin

■ Villiers-le-Sec : église 13e, ancien château 17e, fermes 17e-18e ■ Le Manoir : église 11e-12e-15e, manoir 17e ■ Vienne-en-Bessin : ancien château 15e-17e (colombier-porche 16e), église (nef en arêtes de poisson, chœur 14e, clocher-porche 12e), tombes dans le cimetière 16e-17e

Dans la région

■ Bayeux : maisons et hôtels anciens, cathédrale et tapisserie

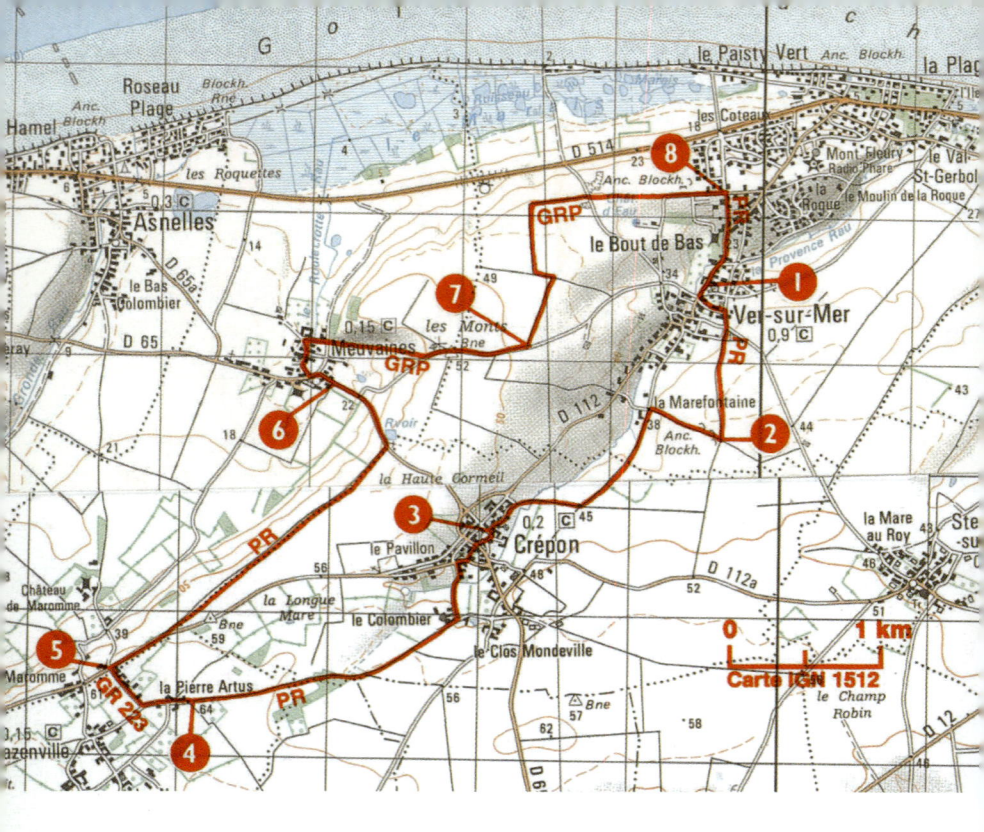

Au pays de la pierre calcaire

La vue, depuis les monts de Meuvaines, est superbe sur le val de Gronde et les pontons d'Arromanches. A Ver-sur-Mer, on voit la batterie du mont Fleury qui fut bombardée le Jour J par 184 avions, puis par la marine anglaise. Quant aux quatre puissants blockhaus de Marefontaine, bombardés eux aussi, ils se rendirent sans difficulté.

Parcourez les villages rencontrés : Ver-sur-Mer, Crépon et Meuvaines ; l'intérêt de ce circuit réside dans l'harmonie des paysages et la beauté simple des monuments en pierre calcaire. Remarquez les imposantes fermes, indices de la richesse passée du Bessin et les églises rurales aux clochers caractéristiques. Admirez en particulier la superbe « pyramide » du 11e siècle de Ver et le donjon de Crépon.

Clocher de l'église de Ver-sur-Mer. *Photo G. P.*

Les monts de Meuvaines

Fiche pratique 7

⏱ 3h45 • 15 Km

Entre la vallée de la Seulles et Gold-Beach, un circuit sur lequel plane le souvenir du Débarquement…

Situation Ver-sur-Mer, à 30 km au Nord-Ouest de Caen par les D 22, D 65 et D 112

❶ Du parking de l'église, prendre vers le Sud la seconde rue à gauche, puis la venelle aux Lièvres à droite qui mène au cimetière. Le longer sur la droite et continuer tout droit dans la plaine.

Parking église

Balisage
- ❶ à ❹ jaune
- ❹ à ❺ blanc-rouge
- ❺ à ❻ jaune
- ❻ à ❽ jaune-rouge
- ❽ à ❶ jaune

❷ Aux blockhaus, tourner à droite, gagner la ferme de la Marefontaine. Partir à gauche. Prendre le premier chemin à droite, franchir la Provence et suivre la rue à gauche jusqu'à l'église de Crépon.

Ne pas oublier

❸ Longer l'église et prendre la rue face à la porte principale. Couper la D 65 et emprunter le passage étroit. Tourner à droite, puis à gauche. Après la ferme du Colombier, bifurquer à droite et gagner La Pierre-Arthus.

❹ Traverser le hameau de Pierre-Arthus. Peu après, prendre à droite la rue des Cordiers jusqu'au carrefour.

À voir

❺ Suivre à droite la D 112 sur 100 m et emprunter à gauche le chemin à gauche des Monts de Meuvaines. Parvenir à la D 65. La descendre à gauche vers l'église de Meuvaines.

En chemin

■ Ver-sur-Mer : grange aux dîmes 14e, église (clocher 11e), musée America-Gold Beach ■ Crépon : église 12e-13e-18e (mobilier 17e-18e), fermes-manoirs (La Rançonnière 17e avec portail triple et crénelé, La Grande Ferme 17e, Le Colombier)

❻ Passer le long de l'église et prendre la rue à droite avant la mairie. A la seconde intersection, aller à droite et à la route suivante, remonter le chemin rural en face. En haut, suivre à gauche la petite route.

❼ Prendre le second chemin de terre à gauche, tourner à gauche puis à droite et aller jusqu'au point de vue sur le site classé des Marais et coteaux de Ver-Meuvaines *(seul marais côtier préservé entre la baie des Veys et la baie de l'Orne)*. Se diriger à droite, puis tout droit jusqu'au village de Ver-sur-Mer.

Dans la région

■ Courseulles-sur-Mer : port, maison de la Mer, musées ■ Creully : château féodal

❽ Emprunter à droite l'avenue Paul-Poret qui ramène à l'église.

Fulmar boréal. Dessin P. R.

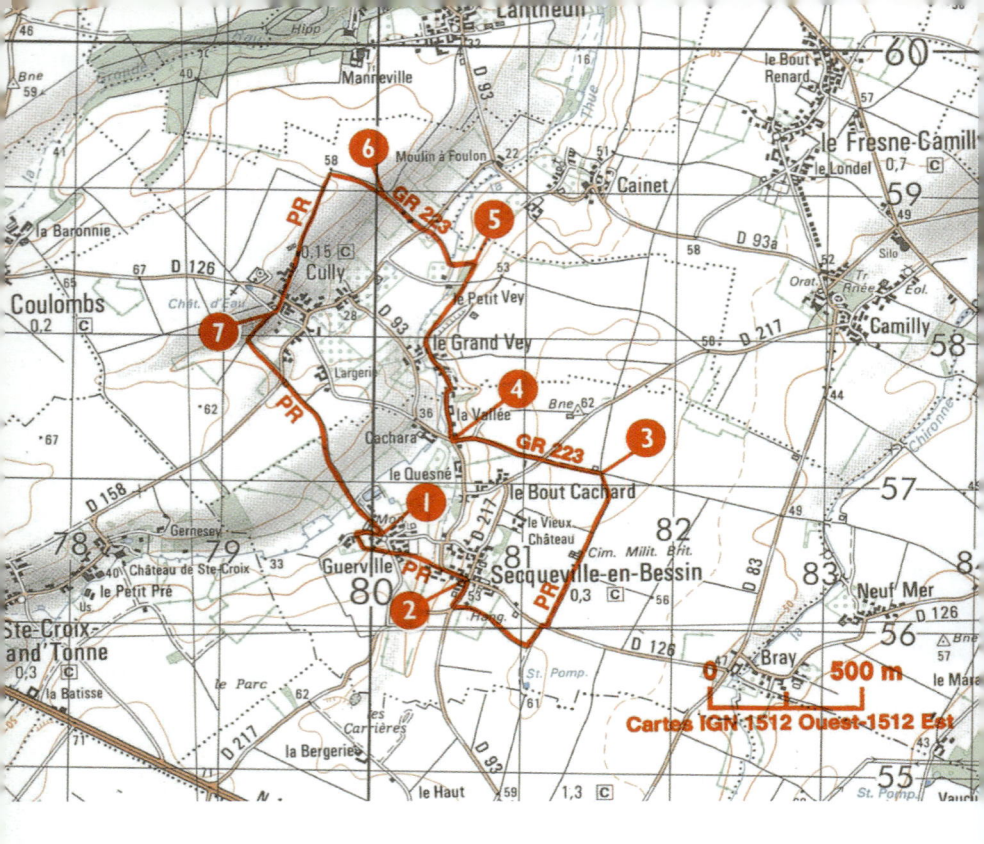

L'église de Secqueville-en-Bessin

La tour de Secqueville est romane sauf la flèche du 13e siècle. En contrebas, on trouve la Fontaine Saint-Sulpice, lieu de pèlerinage pour la guérison miraculeuse de la croûte de lait des enfants. Cette fontaine qui contredit le nom du village, donnait lieu à une assemblée qui fut plusieurs fois interdite. « Les uns y vont par superstition, se baignant dans la fontaine au grand scandale du public... Les autres y vont pour y boire, même pendant le service divin, du cidre [...]. Il y en a qui s'enivrent, y font du tapage et il s'y produit souvent des batteries pendant la nuit » (*A travers le passé du Calvados*, Lesage). En 1778, après que le pèlerinage fut supprimé, des paroissiens firent une brèche dans le mur pour y accéder. Au pays du cidre, que ne ferait-on pas pour trouver... de l'eau ?

*Clocher de Secqueville.
Photo G. P.*

Vallon de la Thue

Fiche pratique 8

Le clocher de Secqueville qui domine l'horizon surveille la vallée de la Thue où se nichent les blanches maisons du Bessin.

❶ En sortant de l'église de Secqueville, prendre la rue à droite longeant le cimetière. Tourner sur le chemin à gauche avant une maison. Reprendre à gauche et atteindre une rue. La suivre à droite, puis partir à gauche. Passer devant la salle polyvalente et descendre à la D 93 dans un tournant. La remonter à droite pour gagner un carrefour.

❷ Tourner à droite et suivre la D 93 sur 250 m. S'engager dans le chemin à gauche au carrefour routier. Tourner à gauche et couper la D 126 pour utiliser, en face, le Farringdon-Way menant au cimetière militaire *(à gauche : vestiges du Vieux Château)*. Poursuivre tout droit jusqu'au croisement de chemins dans la plaine.

❸ Se diriger à gauche, traverser la D 217 et descendre la route en face. Négliger dans la descente le chemin montant à droite et gagner plus bas l'intersection avec la D 93 *(portail de la ferme de Cachard)*.

❹ Prendre la rue à droite. Ignorer la rue du Grand-Vey à gauche et les chemins montant à droite. Poursuivre sur la sente qui longe la vallée. Au croisement, ignorer à gauche Le Petit-Vey et continuer en face jusqu'à un autre croisement.

❺ Descendre à gauche le sentier humide et emprunter la passerelle sur la Thue. Franchir le ru suivant, traverser la D 158 et remonter le chemin en face vers La Fontenelle.

❻ Remonter la côte tout droit sur 400 m. Peu après la haie, tourner à gauche et descendre en pente douce à Cully par la rue du Québec. Couper la D 126, prendre en face la rue du Vieux-Couvent et aboutir à une petite route.

❼ Traverser la rue et prendre le chemin presque en face. Tourner au premier chemin à gauche pour gagner la D 158. La suivre à droite et monter le chemin à gauche avant le hangar. Après avoir ignoré un chemin à gauche, contourner un champ, descendre, passer la Thue et revenir à l'église de Secqueville-en-Bessin *(fontaine à l'angle du cimetière)*.

---

3 h — 10 Km

Situation Secqueville-en-Bessin, à 14 km au Nord-Ouest de Caen par la D 126

Parking place de l'Eglise

Balisage
❶ à ❸ jaune
❸ à ❻ blanc-rouge
❻ à ❶ jaune

Ne pas oublier

À voir

En chemin
■ Secqueville-en-Bessin : église (nef et tour 11e, flèche 13e, chœur 17e), fontaine Saint-Sulpice (à proximité de l'église) ; cimetière militaire
■ Cully : fermes en pierre, église 13e-15e

Dans la région
■ Bayeux, maisons et hôtels anciens, cathédrale et tapisserie ■ Caen : ville d'art et d'histoire
■ Fontaine-Henry : château Renaissance

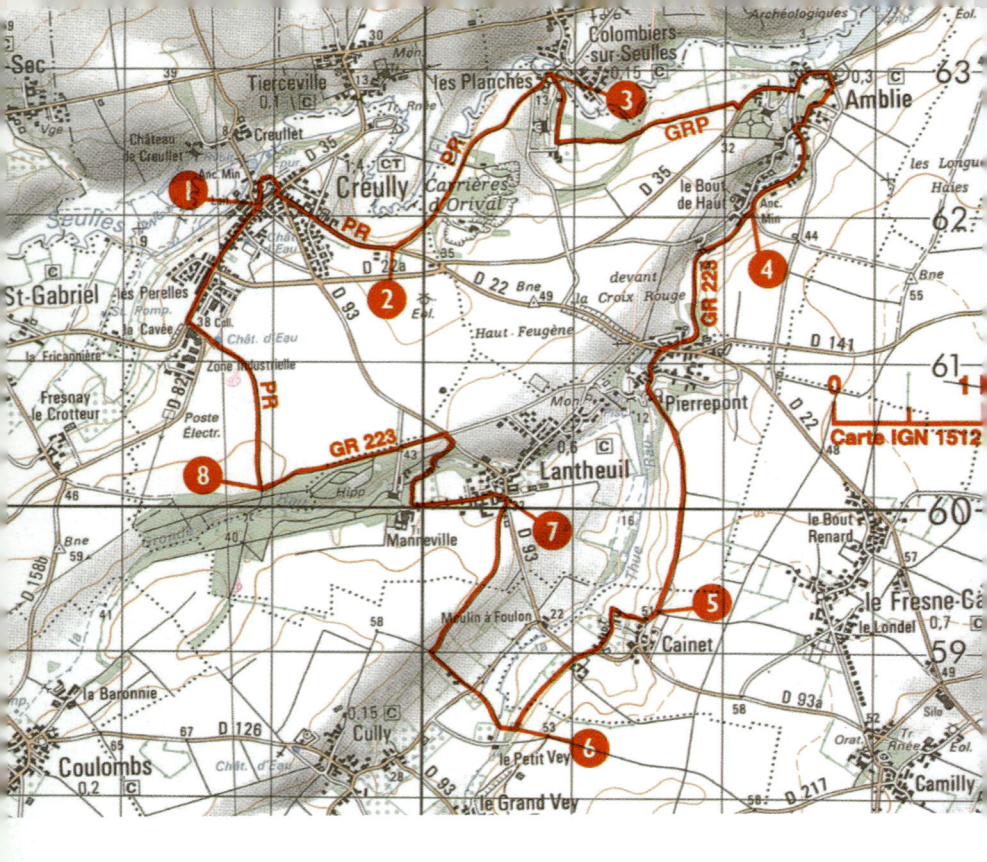

Le patrimoine du Bessin

Cette région constitue une zone de transition entre le bocage aéré du Bessin littoral et les champs ouverts de la plaine de Caen. C'est un paysage où se signalent les clochers de villages. Leurs maisons sont construites en pierres calcaires jointées à la chaux et au sable : c'est la fameuse pierre de Caen et de Creully. Les carrières d'Orival qu'on longe étaient encore récemment, un lieu d'extraction de la pierre. Ces édifices sont la preuve de la prospérité de la région depuis l'époque ducale. On verra successivement le château et l'église de Creully, l'église de Colombiers-sur-Seulles au remarquable clocher, le château du Baffy, le château des Planches, le château et l'église d'Amblie, le château et l'église de Pierrepont, l'église du Cainet, l'église de Lantheuil et le château de Manneville qui hébergea les Turgot.

Château de Lantheuil. *Photo G.P.*

Les vaux de Seulles et de Thue — Fiche pratique 9

4 h 30 — 18 Km

Situation Creully, à 20 km au Nord-Ouest de Caen par la D 22

Parking place de l'Eglise de Creully

Balisage
- ❶ à ❸ jaune
- ❸ à ❹ jaune-rouge
- ❹ à ❽ blanc-rouge
- ❽ à ❶ jaune

Ne pas oublier

La fameuse pierre de Caen et de Creully constitue l'essentiel des constructions rencontrées sur ce circuit, dont les moulins à eau qui, jadis, animaient ces vallées.

❶ De la place du bourg, entrer dans le parc du château derrière l'église et ressortir par la porte Est. Se diriger à droite et rejoindre la rue. Aller à droite, puis tourner à gauche sur la D 22 *(prudence)*. La suivre sur 900 m.

❷ S'engager à gauche dans le chemin des carrières d'Orival. Prendre la route à gauche vers Colombiers-sur-Seulles.

❸ Emprunter le chemin à droite avant le pont, passer derrière le château des Planches et suivre la vallée de la Seulles. Prendre la route à gauche, passer devant le château d'Amblie. Tourner à gauche après le pont sur la Thue, puis suivre la rue à droite en contrebas de l'église. Prendre le chemin à droite, puis la rue en descente à droite. Rejoindre une autre rue. Aller à droite puis à gauche sur quelques mètres. Prendre la rue vers la gauche avant le pont et suivre la Thue *(anciens moulins et carrières)*.

❹ Longer la vallée et, avant le pont, utiliser le chemin menant à Pierrepont *(aire de pique-nique)*.

Couper la D 141, longer l'étang, passer l'église et poursuivre jusqu'au Cainet.

❺ Négliger le chemin de gauche. Descendre le chemin à droite menant à la chapelle du Cainet. Rejoindre la D 93a et la suivre à droite sur 150 m. A la ferme, partir à gauche.

❻ Descendre à droite, franchir la Thue sur un pont, couper la route, remonter en face, tourner à droite et, à la route, rejoindre un calvaire.

❼ Prendre deux fois à gauche, passer l'église de Lantheuil, puis, peu avant les grilles du château de Manneville, emprunter un chemin. Tourner à gauche sur la D 93. Au carrefour, aller à gauche. Continuer tout droit en longeant un bois sur environ 1,3 km jusqu'à un croisement de chemins.

❽ Tourner à droite vers le château d'eau. Gagner la place de Creully en allant deux fois à droite et en suivant la D 82, puis la D 35 sur 900 m.

À voir

En chemin

- Creully : église 12e-15e, château 12e-13e-15e-16e, parc, grange aux dîmes, maisons 18e-19e
- Colombiers-sur-Seulles : maisons en pierre locale, église (clocher roman 12e), château du Baffy 18e (hôtel-restaurant)
- Lantheuil : château de Manneville 17e (jardins à la française), église 17e-18e

Dans la région

- Fontaine-Henry : château Renaissance
- Caen : ville d'art et d'histoire
- Bayeux : maisons et hôtels anciens, cathédrale et tapisserie dite de la reine Mathilde

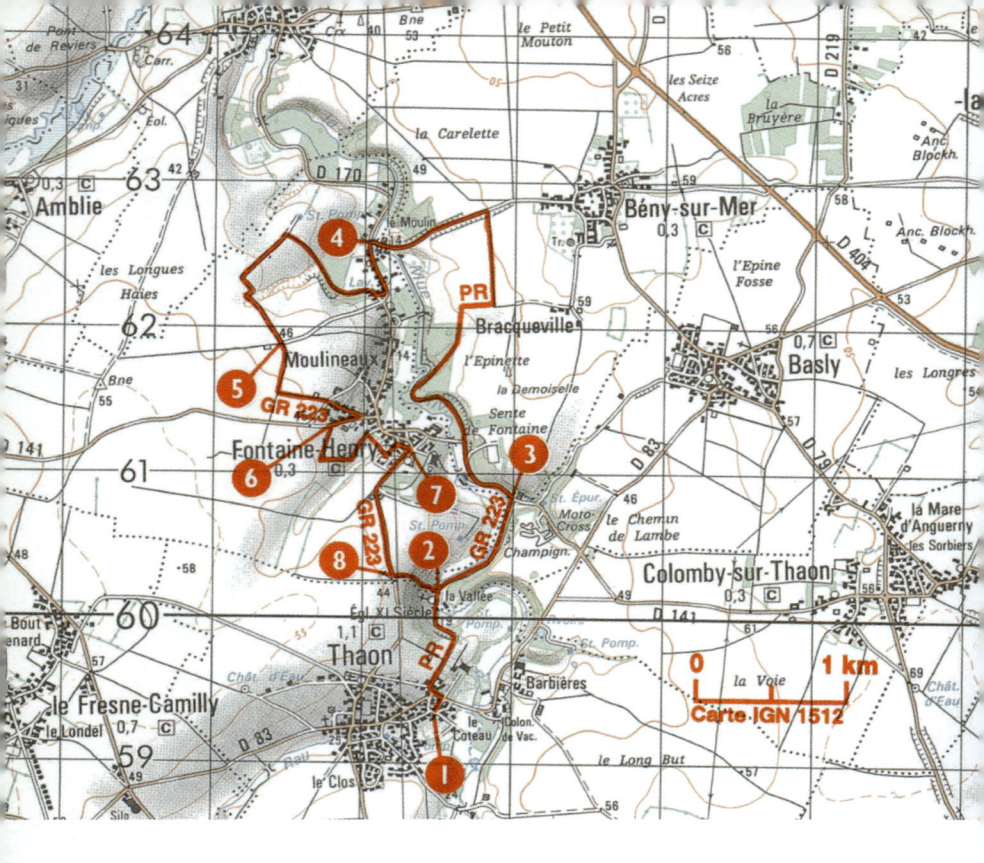

Les monuments de la vallée de la Mue

*E*n parcourant la vallée de la Mue, on remarque les anciennes carrières de pierre calcaire. L'étendue et l'épaisseur de la formation font de ces calcaires une source de matériau employée, au fil du temps, pour la construction et l'amendement des terres (chaulage). Ces anciennes carrières sont aujourd'hui fermées.

La commune de Fontaine-Henry prit le nom de son seigneur, Henry de Tilly (mort en 1205). Le château actuel est singulier par l'élévation des combles.

L'église Saint-Pierre-de-Thaon, désaffectée depuis 1840, est remarquable par son architecture et son site. L'église, dont les collatéraux ont disparu, a conservé une unité de style : la tour, fin 11e siècle, est couronnée d'une pyramide et le portail est décoré de chevrons.

Eglise de Thaon. *Photo G. P.*

44

La vallée de la Mue

Fiche pratique 10

3h — 12 Km

Partez à la découverte de deux monuments témoins du passé : l'église romane de Thaon du 11e siècle et le château Renaissance de Fontaine-Henry.

❶ De la rue de Barbières, se diriger vers le château, prendre à gauche la rue Trudeau, longer la ferme vers la droite et descendre aux abords de l'église romane de Thaon. Suivre la vallée de la Mue.

❷ Passer le pont et suivre la vallée vers la droite. Longer d'anciennes carrières.

❸ Suivre à gauche la D 141. Avant le pont sur la Mue, s'engager à droite dans l'allée en sous-bois *(ne pas quitter le sentier)*. Négliger un chemin privé à gauche et remonter à droite au niveau du plateau.

▶ Accès à la Demoiselle de Bracqueville *(menhir planté au bord d'un champ)* : à 300 m sur la droite.

Prendre le premier chemin à gauche et rejoindre la route. La descendre à gauche.

❹ Au carrefour, emprunter la D 170 à gauche jusqu'au virage. S'engager dans la ruelle à droite, puis monter à droite un sentier. Suivre à gauche une petite route et rejoindre un croisement.

❺ Prendre en face puis à droite sur 300 m. Tourner à gauche en se dirigeant vers Fontaine-Henry. Traverser une petite route. Descendre la ruelle et prendre la rue montant à droite.

❻ Après l'école, continuer sur le talus à gauche et longer la clôture du champ. Descendre à gauche vers le village. Peu après, prendre à droite et monter un raidillon *(prudence)* pour gagner un lotissement. Partir à gauche et redescendre des degrés à gauche pour rejoindre l'allée conduisant à l'entrée du château de Fontaine-Henry.

❼ Aller à droite, passer devant l'église et suivre la D 170 jusqu'à un oratoire de la Vierge *(aire de pique-nique)*.

❽ Descendre le chemin à gauche, franchir la Mue.

❷ Revenir à l'église de Thaon et reprendre l'itinéraire emprunté à l'aller *(VTT : emprunter la rue de la Forge)*.

Situation Thaon, à 16 km au Nord-Ouest de Caen par les D 22 et D 170

Parking rue de Barbières (D 83, à proximité du magasin *Huit à Huit*

Balisage
- ❶ à ❷ jaune
- ❷ à ❸ blanc-rouge
- ❸ à ❺ jaune
- ❺ à ❷ blanc-rouge
- ❷ à ❶ jaune

Ne pas oublier

À voir

En chemin
■ Thaon : bourg avec maisons en pierre, château 17e-18e (privé) et parc (ouvert à la visite), ancienne église Saint-Pierre 11e ■ Fontaine-Henry : château Renaissance 13e-16e (visite) et parc, fermes et maisons 17e-18e, église romane 12e (sauf nef et tour)

Dans la région
■ Douvres-la-Délivrande : basilique (pèlerinage)
■ Creully : château féodal

45

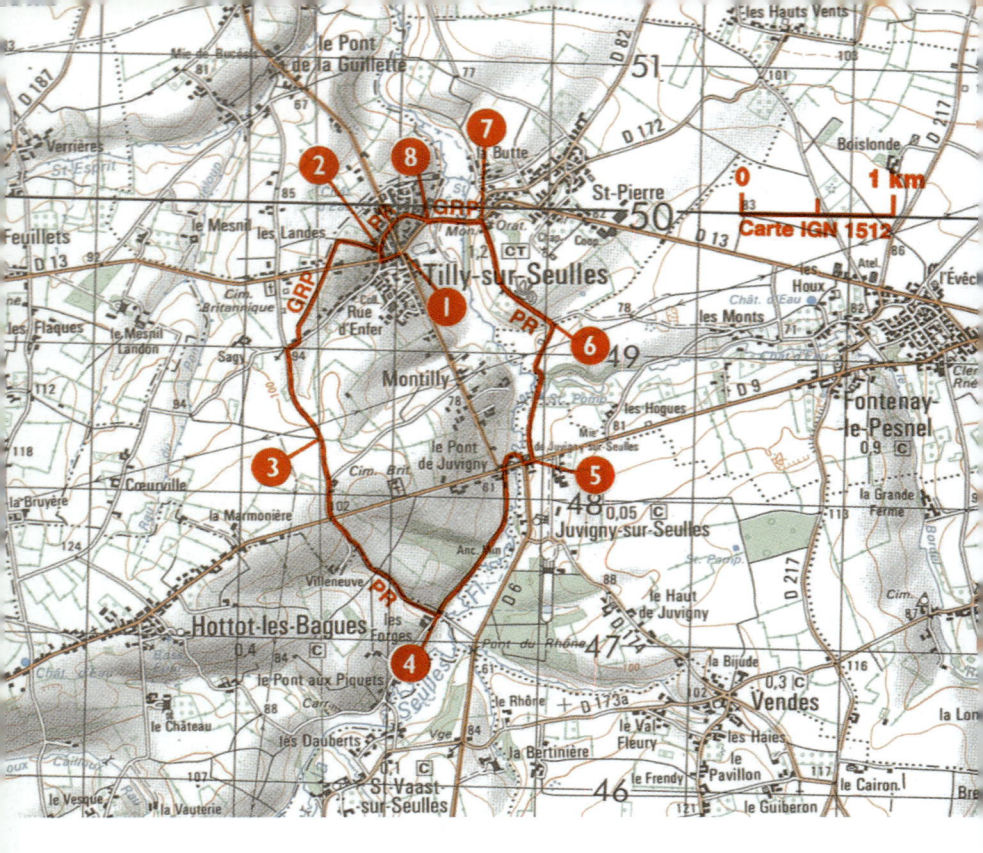

Un village convoité

En 1759, l'intendant de Caen, de Fontette, achète la terre de Tilly. Grâce à lui, le village, alors modeste, connaît un rapide essor.

En 1839, un nommé Vintras affirme être le prophète Elie et fonde une secte attirant des adeptes. Mais en 1842, Vintras est arrêté et condamné à la prison pour escroquerie. En 1843, le pape condamne la secte.

En 1896, des filles de l'école privée affirment avoir eu une apparition de la Vierge. Une mystique, Marie Martel, donne même les plans d'une basilique à construire. L'Église reste prudente mais une chapelle est édifiée et chaque 24 octobre des pèlerins se recueillent sur la tombe de Marie Martel.

En 1944, Tilly est pris et repris 23 fois. Un musée de la bataille de Tilly est installé dans la chapelle Notre-Dame-du-Val.

Chemin dans la vallée de la Seulles. *Photo G. P.*

Tilly-sur-Seulles

Fiche pratique 11

3 h — 9 Km

Ravagé en 1944, Tilly-sur-Seulles présente un exemple de reconstruction d'après-guerre. C'est le départ d'un circuit allant à la découverte de la vallée de la Seulles.

❶ De l'hôtel de ville, prendre la direction de Balleroy (D 13). Tourner à droite rue Valéry-Le-Roux, au niveau de la gendarmerie.

❷ Emprunter le sentier à gauche. Tourner à gauche et rejoindre la D 13 *(cimetière militaire de Tilly-sur-Seulles, 1 224 tombes britanniques et 232 allemandes : suivre la D 13 à droite ; 600 m aller-retour)*.

Traverser la route *(prudence)* et suivre en face le chemin menant à une route.

▶ A gauche à 140 m, pavillon en ruine, seul vestige de la violente bataille de Tilly, en juin 44.

Rejoindre le carrefour à droite *(calvaire)*. Prendre à gauche et tout droit le chemin remblayé.

❸ Poursuivre en face. A la route, continuer vers la droite pour gagner la D 9. La traverser *(prudence)* et aller tout droit. Négliger à droite l'accès à la ferme de Villeneuve *(au carrefour suivant, possibilité en allant à gauche de voir le cimetière militaire d'Ottot-les-Bagues : 965 tombes britanniques et 132 allemandes ; 1,3 km aller-retour)*.

Continuer tout droit jusqu'à une route.

❹ S'engager dans le sentier à gauche parallèle à la vallée de la Seulles. Couper la D 9 *(prudence)* pour utiliser presque en face la voie empruntant le vieux pont sur la Seulles. Remonter à la D 9. Dépasser la mairie de Juvigny.

❺ Suivre un chemin à gauche. Dépasser une station de pompage, descendre et passer le gué sur le Bordel. Partir à gauche pour suivre un large chemin accompagnant la Seulles.

❻ Prendre à gauche pour rejoindre la D 13 à hauteur de l'église de Tilly-sur-Seulles, place Gérard-Triboulet.

❼ Suivre la D 13 à gauche et franchir la Seulles. Poursuivre jusqu'au virage.

❽ Emprunter en face la rue de Condom. Au bout, couper la D 6 *(prudence)*, suivre la rue en face qui rejoint la gendarmerie au repère ❷ et revenir au départ.

Situation Tilly-sur-Seulles, à 20 km à l'Ouest de Caen par les D 9 et D 13

Parking place Charles-de-Gaulle (mairie)

Balisage
- ❶ à ❸ jaune-rouge
- ❸ à ❼ jaune
- ❼ à ❽ jaune-rouge
- ❽ à ❷ jaune
- ❷ à ❶ jaune-rouge

Ne pas oublier

À voir

En chemin

■ Tilly-sur-Seulles : église romane (nef 11e, transept et chœur 12e, tour 14e, porche 15e), chapelle romane Notre-Dame-du-Val, musée de la bataille de Tilly ; cimetières militaires ; rue du 18 Juin (ruine témoin de la bataille de Tilly)

Dans la région

■ Bayeux : maisons et hôtels anciens, cathédrale et tapisserie de la reine Mathilde ■ Caumont-l'Eventé : Souterroscope ■ Balleroy : château

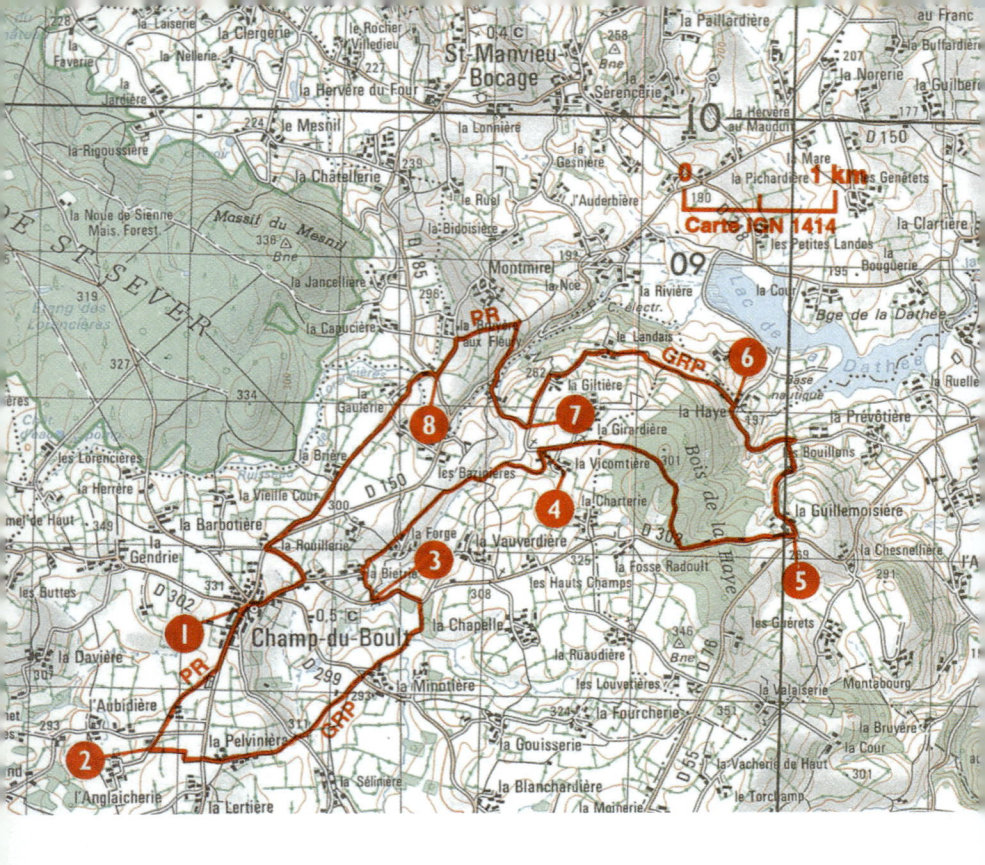

Champ-du-Boult

*1*788 : « Cette paroisse est enfoncée au milieu des bois qui l'entourent de toutes parts, à savoir le bois de la Haye, la forêt de Saint-Sever, les bois du Gast et ceux de Monjoye. Son terrain pierreux et sablonneux n'est susceptible d'aucune culture ni d'amélioration ; dans la plus grande partie des pièces on n'y peut labourer avec la charrue, et l'abondance de pierres oblige de recourir à la houe pour remuer la terre… Les femmes seules sont chargées du pénible labourage, les hommes étant obligés de sortir pour gagner leur travail de quoi subsister et faire subsister leur famille… Il n'y a point de grande route qui la traverse, elle en est éloignée de plus d'une lieue, il n'y a aucun chemin de communication… » *A travers le passé du Calvados*, Lesage.

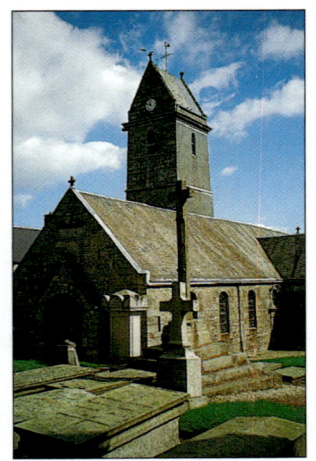

Eglise de Champ-du-Boult.
Photo G. P.

La vallée de la Dathée

Fiche pratique 12

4 h — 16 Km

335 m / 235 m

Champ-du-Boult est bien au « bout » du département : c'est une contrée très boisée. Près de là, pour ses besoins en eau, la ville de Vire a créé un lac sur le cours de la Dathée.

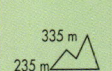

Situation Champ-du-Boult, à 13 km au Sud-Ouest de Vire par la D 150

Parking place de l'Eglise

❶ Partir de la place de la mairie. Monter jusqu'au carrefour et s'engager à gauche sur la D 150 en direction de Saint-Pois. Après les dernières maisons, bifurquer à droite juste avant le cimetière. Couper une route et continuer en face vers L'Anglaicherie.

Balisage
❶ à ❷ jaune
❷ à ❼ jaune-rouge
❼ à ❶ jaune

❷ S'engager sur le chemin à gauche, couper la D 150, passer à La Pelvinière, croiser une petite route puis la D 299. Continuer en face vers La Minotière. Au lavoir, tourner à droite, longer la Dathée, puis emprunter à gauche la D 302. Franchir le pont.

❸ Au calvaire, tourner à droite et monter à La Bietrie. Prendre à droite, aller à gauche sur quelques mètres, puis à droite. Franchir la Dathée pour rejoindre La Vicomtière et la route.

Ne pas oublier

❹ Suivre la route à droite et la quitter peu après à la croix de la Girardière dans le tournant. Continuer vers la droite sur le chemin qui traverse le bois. Parvenir sur la D 302, la suivre à gauche jusqu'à La Guillemoisière et le carrefour avec la D 55.

❺ Prendre le chemin à gauche. Il rejoint la Butte aux Cerfs. Redescendre la colline et, plus bas, tourner à gauche vers le hameau de La Haye et le lac de la Dathée.

❻ S'engager à gauche dans le chemin en balcon qui monte vers Le Landais. Poursuivre sur la route, passer La Giltière et aboutir à un carrefour.

À voir

En chemin

❼ Tourner à droite et descendre aux anciens moulins des Ritours. Gagner la D 150 et la suivre à droite avant de remonter le chemin à gauche. Prendre encore deux fois à gauche pour rejoindre le carrefour avec la D 185 au Vivier-Piret.

■ Champ-du-Boult : église (retable et poutre de gloire 18e) ■ calvaires en granit ■ lac de la Dathée

Dans la région

❽ Suivre la route à droite sur quelques mètres et, juste après une maison, prendre à gauche vers La Gauterie. Par un chemin rectiligne, passer La Brière. Utiliser la D 150 quelques mètres vers le village, puis tourner à gauche. Au bout, emprunter à droite la D 302 pour revenir au point de départ.

■ Vire : étape gastronomique, donjon, porte de l'Horloge, églises, musée ■ Saint-Sever : abbaye, forêt domaniale

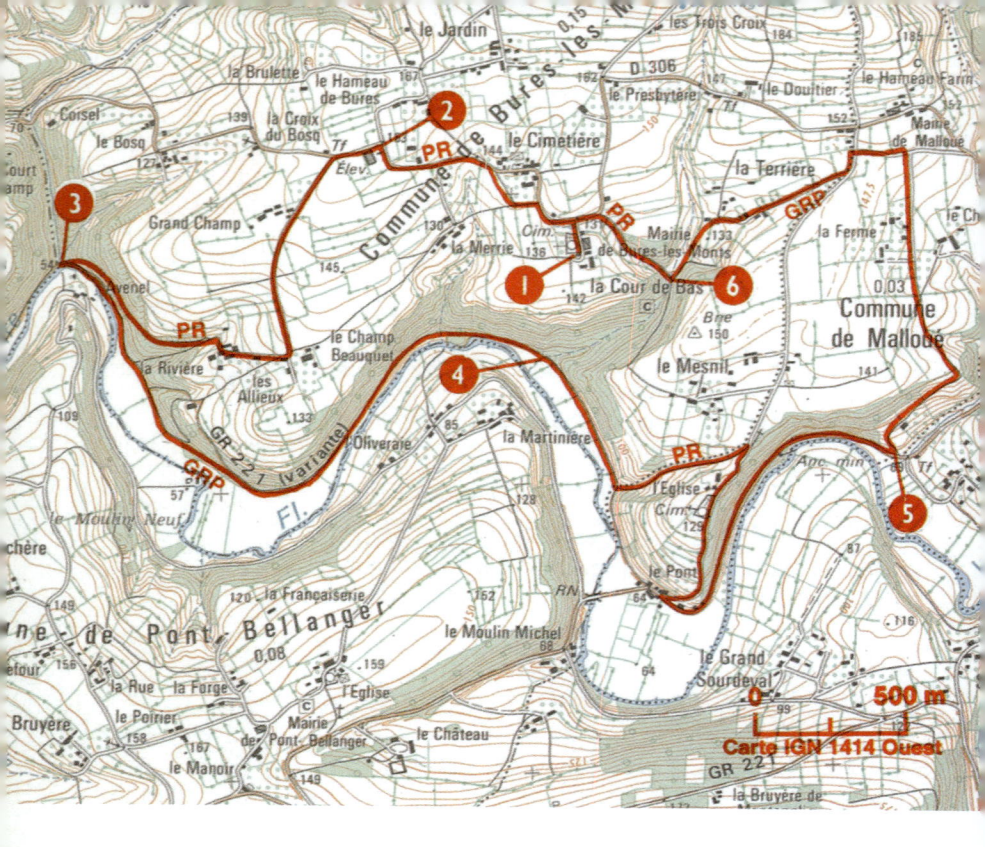

Le loup-garou de Bures

Au bord de l'étang de la Cour-de-Haut, par une nuit de pleine lune, un fermier tira sans succès sur un loup-garou. Il revint par la suite. Pour s'en débarrasser, les habitants glissèrent une balle sous la nappe de l'église afin qu'elle soit bénite à l'insu du curé. Le soir, la bête se montra. Elle fut abattue, et le corps d'une jeune fille apparut à sa place. Les paysans attachèrent au cou du cadavre une pierre et la jetèrent dans l'étang. Ses eaux se mirent à s'élever jusqu'aux nuages. L'étang asséché, on y creusa une fosse pour y ensevelir le loup-garou et les riverains creusèrent des puits !

A Malloué, au-dessus de la Vire, se trouve la grotte de Saint-Orthaire où ce religieux se retira pendant 38 ans lorsque les moines de Landelles voulurent en faire leur abbé.

Eglise de Malloué. *Photo CDT 14*

Les méandres de la Vire

Fiche pratique 13

3 h — 11 Km

165 m / 54 m

Le cours de la Vire est très changeant, lent et sinueux au milieu des prairies, rapide et fougueux entre deux parois abruptes de granit.

❶ De l'église, gagner la D 306. La suivre à gauche sur 150 m et s'engager dans le premier chemin à gauche, puis tourner à droite. Au hameau du Cimetière, reprendre la D 306 à gauche et la suivre jusqu'au deuxième embranchement, au niveau d'un bâtiment agricole.

❷ Tourner à gauche, puis bifurquer à gauche et passer Le Grand-Champ. Aux Allieux, tourner à droite et descendre à La Rivière. Tourner à droite dans un chemin de terre qui s'incurve sur la gauche ; 200 m plus loin, s'engager à droite dans un chemin bordé de genêts. Rejoindre la Vire.

❸ Partir à gauche en suivant le sentier escarpé longeant la Vire. Au premier carrefour, continuer tout droit et, après un tournant à gauche en épingle à cheveux, prendre le premier sentier à droite remontant dans le bois *(moulin en contrebas)*. Déboucher sur un chemin plus large, descendre à droite et continuer en longeant la Vire.

Arriver à une bifurcation.

▶ Une variante permet de raccourcir le circuit et de rejoindre le repère **❻** : monter à gauche à La-Cour-de-Bas *(balisage jaune-rouge)*.

❹ Continuer tout droit sur 500 m. Prendre à gauche le premier sentier *(emprunté autrefois par les pèlerins de Saint-Jacques-de-Compostelle)* et monter à la petite route, au calvaire. Tourner à droite vers l'église de Malloué *(en contrebas : grotte de Saint-Orthaire)* et descendre à la D 185, au Pont. Suivre cette route à gauche sur 1 km *(prudence)*.

❺ Monter à gauche par un sentier. Laisser peu après à droite le château de Malloué, tourner deux fois à gauche puis à droite. Traverser La Terrière et virer à gauche dans les bois.

❻ Au bas du chemin, monter à droite, puis suivre à gauche la D 306 pour revenir à l'église de Bures.

Situation Bures-les-Monts, à 22 km au Nord de Vire par les N 174 et D 306

Parking église

Balisage
- ❶ à ❸ jaune
- ❸ à ❹ jaune-rouge
- ❹ à ❺ jaune
- ❺ à ❻ jaune-rouge
- ❻ à ❶ jaune

Ne pas oublier

À voir

En chemin

■ Bures-les-Monts : église en partie romane (autel 18e, fonts baptismaux en granit, pupitre en granit dans le cimetière) ■ Malloué : église 17e-18e (riche ensemble religieux 16e-17e-18e, dalles funéraires) ■ grotte Saint-Ortaire au-dessus de la Vire

Dans la région

■ Vire : donjon, porte de l'Horloge, églises, musée ■ vallée et viaduc de la Souleuvre ■ forêt domaniale de Saint-Sever

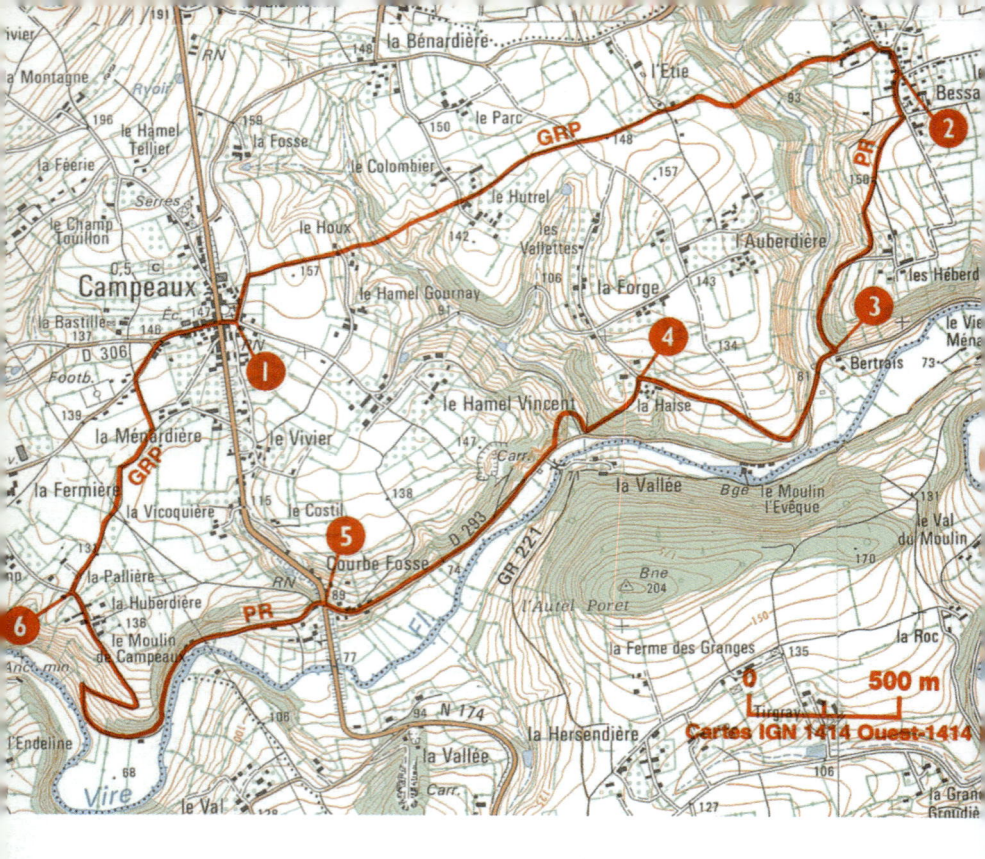

Le val de Vire

On dit que Campeaux fut jadis une station balnéaire ! Alors qu'une lagune occupait les vallées, une partie du promontoire formé par les hameaux de La Noé et de La Montagne, se situait au bord de l'eau, d'où « Campeaux ».

La Vire, longeant le sud de la commune, prend sa source à la limite de la Manche et du Calvados. Elle est le deuxième fleuve de Basse-Normandie par sa longueur. Par Vire et Saint-Lô, elle gagne l'estuaire des Veys, près d'Isigny, après avoir parcouru 118 km à travers le bocage. Sa vallée, par endroits très encaissée, lui vaut le nom de *Gorges de la Vire*. La Vire reçoit la tumultueuse Souleuvre avant Campeaux. Sur la rive gauche de la Vire, on peut voir des rochers de quartz blanc : la Blanche Roche. On affirmait autrefois qu'une dame blanche y apparaissait.

La Vire près de Campeaux. *Photo G.P.*

Les coteaux de la Vire

Fiche pratique 14

3 h — 10 Km

160 m / 65 m

La Vire s'est taillé son chemin dans le Bocage normand en une vallée dont les versants verdoyants sont parfois coupés d'escarpements rocheux pittoresques.

❶ De l'église, prendre le chemin longeant le cimetière. Tourner à droite au premier chemin ombragé et descendre au hameau Le Houx. Traverser la route et prendre en face le sentier s'inclinant vers un petit ruisseau. Au Hutrel, couper la route. Traverser une autre voie goudronnée, poursuivre sur le sentier ombragé et dépasser l'Etié. Franchir le ruisseau du Moulin de Montbertrand et gravir la pente jusqu'aux Bessardières. Suivre la route à droite dans le hameau.

❷ Tourner deux fois à droite et sortir du hameau vers la ferme des Héberdières. La laisser à gauche. Au carrefour, partir à droite. Descendre vers la Vire en surplombant le vallon du ruisseau du Moulin de Montbertrand.

❸ Au Bertrais, prendre la D 293 à droite, puis bifurquer dans le premier chemin à droite dominant la Vire et Le Moulin-l'Evêque. Aller tout droit.

❹ A La Haise, descendre à gauche à travers bois à la D 293. L'emprunter à droite en suivant la Vire *(prudence)* jusqu'à Courbe-Fosse au niveau de la N 174.

❺ Traverser la route *(prudence)* et, 10 m plus haut, emprunter le chemin sur la gauche. Passer devant l'ancien moulin de Campeaux, longer le cours sinueux de la Vire et remonter vers le hameau de La Huberdière *(panorama sur les gorges de la Vire)*.

❻ Tourner à droite vers La Ménardière. Au bout du chemin empierré, prendre celui de gauche. A proximité de la ferme, laisser le sentier de droite et continuer tout droit pour rejoindre la D 185. La suivre à droite, puis utiliser la D 306 pour rejoindre le point de départ.

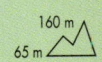

Fouine. *Dessin P. R.*

Situation Campeaux, à 19 km au Nord de Vire par la N 174

Parking place de l'Eglise

Balisage
❶ à ❷ jaune-rouge
❷ à ❻ jaune
❻ à ❶ jaune-rouge

Ne pas oublier

À voir

En chemin

■ Campeaux : église (poutre de gloire 18e, chaire 17e avec décor peint) ■ vue sur les gorges de la Vire

Dans la région

■ gorges de la Vire
■ Vire : étape gastronomique, donjon, porte de l'Horloge, églises, musée
■ Vallée et viaduc de la Souleuvre ■ Forêt domaniale de Saint-Sever

53

Un saint homme au Bény-Bocage

Le Bény-Bocage est idéal pour randonner dans la vallée de la Souleuvre et vers le viaduc, construit en 1889, dont il ne reste plus que les piles d'où s'élancent les « élastonautes ».
C'est au château du Bény-Bocage que naquit Gaston de Renty en 1611. Il fit construire l'église du Bény-Bocage. Un jour, il alla rendre visite au comte de la Forêt-Vassy. Ce chasseur lui fit voir sa fierté : sa meute. « J'en possède une beaucoup plus belle, vous en jugerez quand vous l'aurez vue », répondit le baron de Bény. Vassy vint au Bény ; Renty lui fit voir une salle remplie de pauvres à qui l'on distribuait du pain : « Voici ma meute ! Vous voyez qu'elle est bien au-dessus de la vôtre puisqu'elle est créée à l'image de Dieu ». Renty aurait servi de modèle au Tartuffe de Molière.

Halles du Bény-Bocage. *Photo G. P.*

La vallée de la Souleuvre

Fiche pratique 15

2 h 40 • 8 Km

210 m / 89 m

C'est un pays plein de charme parcouru par les chemins creux quadrillant le vert bocage où se succèdent collines boisées, larges panoramas et vallées profondes.

Fougère aigle.
Dessin N. L.

Situation Le Bény-Bocage, à 15 km au Nord de Vire par les D 577 et D 56

Parking place des Halles

Balisage
- ❶ à ❷ jaune
- ❷ à ❸ blanc-rouge
- ❸ à ❼ jaune
- ❼ à ❽ blanc-rouge
- ❽ à ❶ jaune

Ne pas oublier

❶ De la place principale, prendre la rue Gaston-de-Renty, passer devant l'église.

❷ Remonter la rue, parvenir au haut de la côte et emprunter le premier chemin à gauche. Traverser la D 109. S'engager dans le chemin qui descend en face, il s'incurve à droite et mène à une voie goudronnée. La suivre sur 30 m à gauche.

❸ Prendre le chemin à droite et continuer tout droit en laissant un chemin à gauche. Suivre une petite route à droite menant au hameau du Drouard.

❹ Dans le hameau, juste avant la D 109, tourner à gauche, puis s'engager sur le chemin à droite. Continuer tout droit dans un chemin creux. Descendre, enjamber le ruisseau, puis traverser la voie goudronnée. Utiliser le chemin creux en face sur 500 m. A l'intersection, bifurquer à gauche.

❺ A la route, au Bois-Pépin, continuer tout droit, longer une maison et, à l'embranchement, virer à droite. Descendre dans la vallée de la Souleuvre en laissant partir un chemin à gauche. Franchir la passerelle métallique enjambant la Souleuvre et prendre le chemin à gauche longeant la rivière. Rejoindre un pont peu après les ruines du moulin de Cervelle.

▶ Possibilité de rejoindre le viaduc de la Souleuvre en longeant la rivière tout droit *(2 km aller-retour)*.

❻ Traverser la Souleuvre par le pont, prendre à droite un chemin en sous bois, négliger deux chemins à gauche et continuer en longeant un ruisseau. Virer à droite pour enjamber le ruisseau et poursuivre 700 m *(chemin humide)* avant d'atteindre La Vallée-Surville. Monter à la D 56.

❼ Suivre la route à gauche jusqu'au premier croisement *(prudence)*.

❽ Revenir au Bény-Bocage en suivant la D 56 tout droit.

À voir

En chemin
- Le Bény-Bocage : village typique du Bocage en granit, halles, église (tabernacle et ostensoir 18e)

Dans la région
- zoo de Jurques ■ vallée et viaduc de la Souleuvre
- Vire : étape gastronomique, donjon, porte de l'Horloge, églises, musée
- lac de la Dathée

La maison bocaine

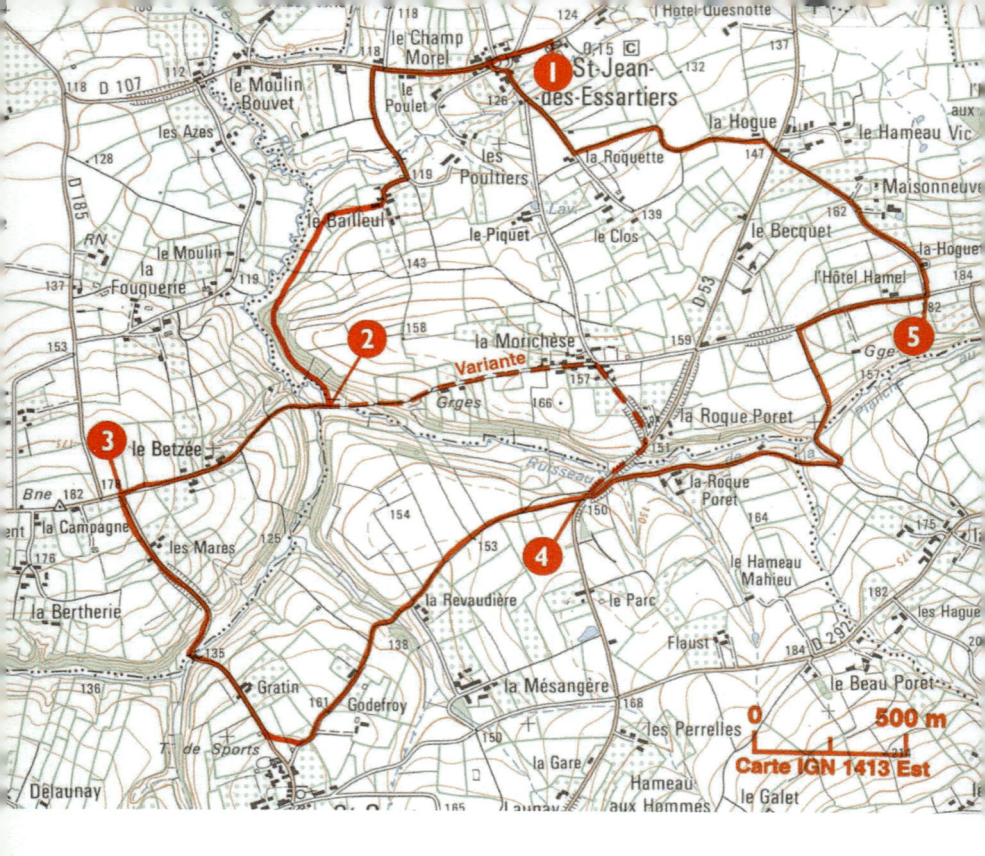

La maison bocaine a ses bâtiments éclatés dans le plan traditionnel. Ce plan, utilisé pour les petits élevages, contient également le jardin et les bâtiments de la ferme dispersés au milieu des pommiers. On trouve écuries, étables, porcheries, fournil, cave, pressoir, clapiers, poulailler et, bien sûr, maison. Dans le bocage, on construit en pierre (granit pour Vire et Saint-Sever ou grès, dallettes schisteuses ou calcaire près des plaines), peu de torchis. Aujourd'hui, les bâtiments sont retapés avec l'aggloméré. Les conditions naturelles sont rudes, l'émiettement des parcelles gêne la mécanisation, les exploitations sont petites. Les atouts touristiques existent, tel le tourisme vert, mais suffiront-ils à réveiller ce monde clos ?

Maison bocaine. *Photo G. P.*

Aux confins du Bocage

Fiche pratique 16

3 h — 10 Km

Le bocage : une mosaïque de verdure variant selon les nuages, l'intensité du soleil et l'exposition. Cette contrée attend son « Cézanne ».

Digitale pourpre. Dessin N. L.

❶ De la place de la mairie se diriger vers l'église *(non balisé)*, emprunter sur 400 m la D 107 en direction de Dampierre. Au premier carrefour, tourner à gauche vers le hameau Le Bailleul et 350 m plus loin, s'engager à droite sur le chemin gravillonné qui longe la Drôme et un petit bois jusqu'au ruisseau de la Planche au Prêtre.

▶ Variante possible *(balisage jaune-vert)* en tournant à gauche vers le village de la Morichèse pour rejoindre le point ❹.

❷ Tourner à droite, franchir la rivière sur une passerelle métallique, gravir le chemin vers Le Betzée et continuer sur la partie goudronnée.

❸ Tourner sur la première petite route à gauche pour rejoindre l'entrée de Saint-Ouen-des-Besaces. Emprunter la rue à gauche, suivre tout droit le chemin passant à La Revaudière et déboucher sur la D 53.

❹ Traverser la route, descendre le chemin goudronné vers le moulin Ferrand et le ruisseau de la Planche au Prêtre, puis tourner à gauche. Aboutir sur une petite route, la suivre à droite jusqu'à la première route à gauche.

❺ Prendre à gauche, se diriger vers La Hogue, traverser la D 53 et s'engager dans le chemin menant à La Roquette. Tourner à droite et rejoindre par la route le point de départ.

Situation Saint-Jean-des-Essartiers, à 45 km au Sud-Ouest de Caen par la A 84, sortie 41, D 53 vers Sept-Vents et D 107

Parking place de la mairie

Balisage
- ❶ à ❷ jaune-vert
- ❷ à ❹ jaune
- ❹ à ❶ jaune-vert

Difficulté particulière
- passages boueux par temps de pluie, notamment entre La Hogue et La Roquette

Ne pas oublier

À voir

En chemin
- Saint-Jean-des-Essartiers : église en partie médiévale
- Saint-Ouen-des-Besaces : église (parties romanes, retable 13e, Vierge à l'Enfant en pierre 16e, stalles 18e)

Dans la région
- Caumont-L'Éventé : Souterroscope
- Jurques : zoo
- vallée et viaduc de la Souleuvre

1
2
3
4
5
6
7
GRP
PR
GR 221
Cartes IGN 1413
1414
le Mancellière
le Hameau Briard
le Hameau Farcy
la Cabosse
Montiler
la Pierre Dolt
le Coudray
la Vauterie
la Fauvellière
la Tromperie
la Camaillerie
les Hauts Vents
la Sollerie
la Guesnerie
D 165a
les Maisons
Feuguerolles
le Feugré
le Carrefour des Fosses
la Coer
Vaumartin
Brémoy
D 165
Beaumont
Sous le Mont
Aigremont
le Buisson
la Bruyère
la Croix au Houx
la Varablière
la Valetaine
l'Arcandière
la Montagne
la Vatelière
le Moulin Rnes
le Mesnil-Auzouf
les Longs Champs
Crennes
D 165b
la Houssaie
la Cabotière
la Bourdonnière
la Chapelle
le Nid
la Cabotière
la Martellière
Beaumont
le Château
le Bourbillon
la Vilainière
la Boutinière
Mie de Montamy
le Parc
la Farcière
la Poulinière
la Granderie
Trompe-Souris
le Pommereau
Eol.
le Londel
la Croix
les Aunaies
les Ruaux
la Loge Cauvette
la Charterie
le Vallard
St-Pierre-Tarentaine
le Fey
la Baronnière
Scier
le Mesnil Hubert
le Roquet
D 577
le Bas Village
les Fiefs
le Bon Poisson
la Ménardière
la Rourie
le Maillomet
la Varinière
le Hamel Roger
le Bisson
la Couture
le Vallard
la Varde
la Lanterie
Moulin Pinel
Chapelle St-Quentin
Feuillet
la Vautelière
Arclais
les Moueux
Cathéolles
la Gatelière
la Villière
la Cour
le Hamel aux Azes
les Haies
Lautinière
la Terrerie
Anc. min
les Etournières
Drouet
D 298
les Naudières
la Jannerie
le Clos Godet
l'Auteloy
D 109
la Bruyère
Pévillon
le Hamel Tourgis
le Désert
la Vallette
D 290
Bois de la Boulaie
les Fieffes
la Dépique
Élev.
le Fief de la Bruyère
Bocage
Sous le Mont
la Bihaie
Bne
le Hamel Bihet
la Fieffe
le Pavillon
le Pont d'Eloy
la Foucardière
Courtacon
le Hamel Pin
Hérolles
les Fieffes
la Fortunière
la Ferronnière
D 56
la Vasnière
D 290
St-Charles-de-Percy
le Bois
le Pont Esnault
le Homme
la Héraudière
le Val
Courteil
Fabr.
D 105
la Fainière
la Nauve Maison
la Cour
Montchamp
la Cour Pierre
Maisoncelle
la Fosse
le Pont à l'Ecrivain
le Domaine
le Pont Foucard
Aunay
les Monts
la Crière
l'Aumône
la Chapelle

Les bruyères du Bocage

Fiche pratique 17

6 h 30 — 23 Km
282 m / 125 m

Les chemins creux de ce circuit invitent le randonneur à se plonger dans le vert Bocage normand.

❶ Longer le cimetière et couper la D 165b. Suivre la route et tourner à droite au Bas-Village. Après les maisons du Londel, bifurquer à droite dans un chemin traversant Le Grand-Londel. Suivre la D 165b à gauche et tourner à gauche. A l'intersection, partir à droite vers l'étang de Crennes. Le contourner par la droite.

❷ Monter le chemin à droite, couper la D 165b et rejoindre La Cabotière. Prendre le chemin à gauche et rejoindre La Houssaie. Monter à droite, passer devant le château de Montamy. Suivre l'allée.

❸ Couper la D 577 *(prudence)* et descendre le sentier en face. Passer La Vavassorie, puis suivre la route à gauche. Prendre le sentier à gauche et monter sur une route. La suivre à droite et descendre à droite, puis rejoindre la route de La Menardière, tourner à gauche et aussitôt à droite. Traverser le ruisseau et remonter.

❹ Rejoindre tout droit une route et gagner celle à droite menant aux Haies. A l'intersection, partir à gauche puis emprunter le chemin à droite vers la rivière. Suivre le vallon et monter aux Etournières. Suivre la D 298 à droite, puis bifurquer à gauche dans un chemin. Franchir le ruisseau, continuer à gauche. Aller à droite et monter sur une route. La prendre à droite, puis monter par un chemin à La Fieffe. Bifurquer à gauche. Suivre la D 290 à droite.

❺ Descendre la D 290. S'engager à droite dans le chemin au bas du talus. Descendre la route à gauche, gagner Le Pont-d'Eloy. Continuer et prendre le chemin à droite rejoignant la D 577. Partir à gauche, couper la route *(prudence)* et monter le chemin en sous-bois gagnant une route *(accès au gîte d'étape des Fieffes à 500 m)*.

❻ Descendre la route à droite. A L'Evillon, tourner à gauche puis à droite. Descendre le chemin, couper la D 298, aller à droite et descendre un sentier à gauche, franchir la Souleuvre, monter et gagner la D 53.

❼ Au calvaire, tourner à droite, puis partir à gauche vers Saint-Pierre-Tarentaine. A l'intersection, emprunter le sentier à droite et rejoindre la route. Revenir au point de départ à gauche.

Situation Saint-Pierre-Tarentaine, à 17 km au Nord de Vire par les D 577, D 53 et D 165b

Parking mairie

Balisage
- ❶ à ❷ jaune
- ❷ à ❹ jaune-rouge
- ❹ à ❺ jaune
- ❺ à ❻ blanc-rouge
- ❻ à ❶ jaune

Difficulté particulière

■ dénivelée positive importante

Ne pas oublier

À voir

En chemin

■ Saint-Pierre-Tarentaine : église 17e-18e (Vierge à l'Enfant en pierre 16e)
■ Montamy : château 19e, église d'époque classique (retable et chaire 18e), croix de cimetière

Dans la région

■ Jurques : zoo ■ vallée et viacuc de la Souleuvre
■ Vire : donjon, porte de l'Horloge, églises, musée

59

Le Bocage normand

Le Bocage normand tire son nom des bois et des forêts qui le recouvraient jadis. Wace, au 12e siècle opposait : « Li paisan et li vilain, cil des boscages et cil des plains » (le paysan et le vilain, ceux des bocages et ceux des plaines). Ceux du Pays de bas (Bocage virois) et ceux du Pays de haut (plaines de Caen-Falaise). Quelques bois, bosquets et boqueteaux subsistent encore, souvenirs d'époques où la région était entièrement boisée, où les vallées étaient des marécages, clairières et essarts autant de conquêtes précaires. A la fin du 18e et début du 19e siècle, le terroir était divisé en une multitude de parcelles, desservies par des cavées ou chemins creux, bordées de fossés ou talus plantés de haies. Chênes, hêtres, châtaigniers, noyers, ormes, frênes, trembles, sapins, platanes, houx et bouleaux sont les essences du bocage qui offraient toutes sortes de ressources à l'ingéniosité des charpentiers et autres menuisiers. En ce pays, l'eau abonde, formant de nombreux « douits » (ruisseaux).

Gorges de la Vire. *Photo O. H.*

L'agriculture du Bocage autrefois

En fait d'herbages, il n'y avait guère autrefois dans le bocage que les landes et les bruyères ; on réservait prairies et vallées pour le foin, et les vaches et chevaux n'y allaient que pour y brouter le regain.

Sur ces sols de granit, de grès et de schistes, l'agriculture était rude. Aussi la rotation des cultures était-elle calculée : au 18e siècle, le premier labour était consacré au sarrasin, pour les bouillies et les galettes, le second au froment et au seigle ; la troisième année, on labourait pour les grosses avoines, le gruau qui épaississait la soupe. Le quatrième labour servait aux menues avoines, destinées à la nourriture animale. Les poiriers fournissaient la boisson commune : le poiré, aussi fréquente que le cidre ; son vocabulaire distinguait les diverses qualités : gros bère, vrai bon bère, maître cidre s'il était fort, cidre mitoyen, cidre chrétien s'il était baptisé d'eau, refilé, petit bère, besson s'il provenait du marc repassé avec de l'eau.

Pommes. Photo P. G. CDT 14

La gastronomie du Calvados

La proximité de la mer offre des possibilités culinaires variées : huîtres, moules, crevettes, coques, tourteaux, homards, soles et autres poissons sont appréciés du gastronome. Dans l'arrière-pays bocager ou augeron, le lait, or blanc normand, la crème et le beurre issus de l'élevage, sont fameux. A cela il faut ajouter les grands « crus » fromagers tels le camembert, le livarot et le pont-l'évêque. Des herbages plantés de pommiers proviennent aussi le cidre fermier ou bouché, l'apéritif pommeau et le « calva » tant réputé. Si l'on connaît les tripes à la mode de Caen ou le poulet vallée d'Auge, l'andouille de Vire est, elle aussi, renommée. Et pour finir le repas n'oublions pas les galettes de Caen et de Bayeux, le sablé d'Asnelles, la Terrinée ou « Teurgoule » (riz au lait parfumé à la cannelle), les caramels d'Isigny et toute la pâtisserie au beurre (dont la brioche « fallue »). De quoi apprécier le fameux « trou normand » qui permet de faire deux repas sans être incommodé... à condition de l'avaler « cul sec » !

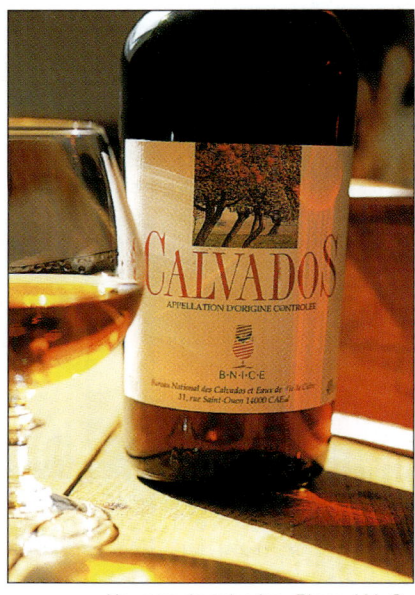

Un verre de calvados. Photo J.M. G.

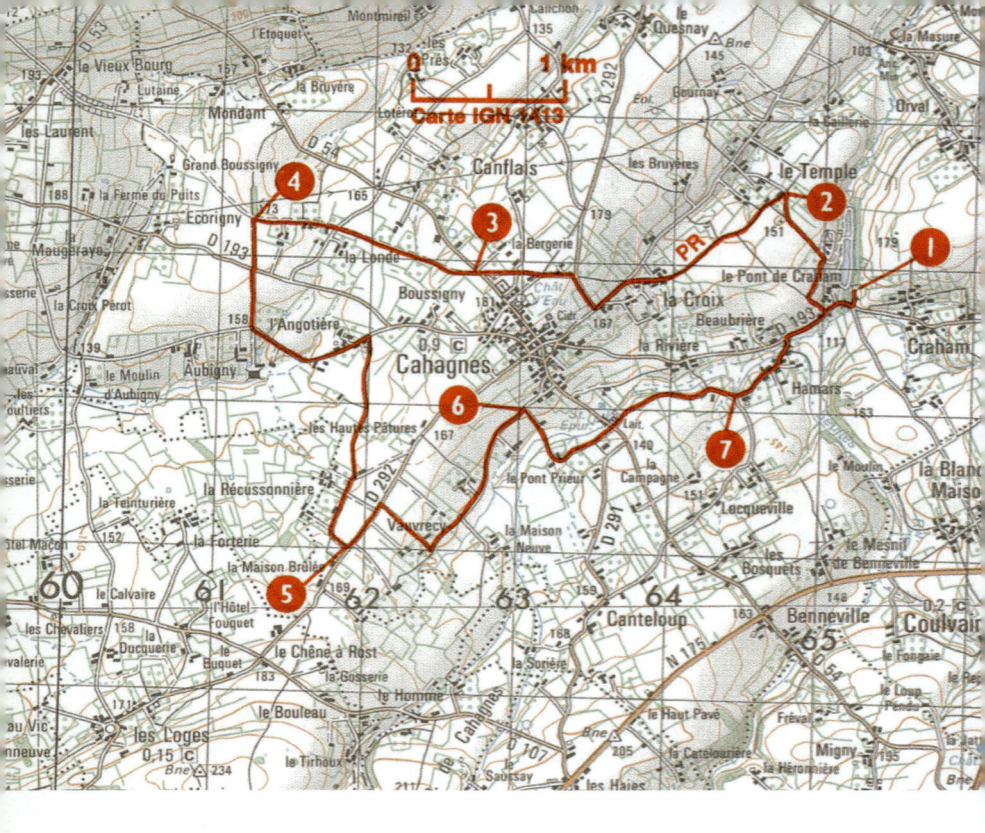

Une église moderne

Lors des combats de 1944, l'ancienne église de Cahagnes fut détruite comme de nombreux monuments religieux dont les clochers, points d'observation idéaux, étaient aussi des cibles pour l'artillerie. Certaines églises ont été reconstruites dans leur style originel. Pour d'autres, les concepteurs ont pu donner libre cours à leur imagination. Les controverses vont encore bon train aujourd'hui, mais on peut dire que les architectes ont eu le mérite de ne pas faire du « néo-quelque chose ». Sensible ou non à son aspect, le clocher de Cahagnes vous servira au moins de point de repère au cours de cette promenade. Dans les environs, on peut trouver d'autres églises reconstruites après guerre : Villers-Bocage, Noyers-Bocage, Saint-Germain-d'Ectot…

Eglise de Cahagnes.
Photo G. P.

Autour du clocher de Cahagnes

Fiche pratique 18

3 h 15 — 13 Km

Situé au contact de la plaine de Caen et du Bocage normand, le prébocage est un pays d'accueil. Il regroupe trois cantons : Aunay-sur-Odon, Villers-Bocage et Caumont-l'Eventé.

❶ Du parking du plan d'eau de la vallée de Craham *(aire de pique-nique)*, emprunter la D 193 en direction de Cahagnes. Tourner à droite, passer le terrain de camping et continuer jusqu'au Temple.

❷ Utiliser à gauche le chemin ombragé des Cultures. A La Croix, prendre à gauche une petite route (VC 4) vers Cahagnes, puis la D 292 à droite sur 250 m. Tourner à gauche. Croiser une petite route et continuer tout droit jusqu'à la D 54 au niveau d'un calvaire *(aire de pique-nique)*.

❸ Couper la route et continuer en face. Traverser une route, passer La Londe et gagner la croisée des chemins.

❹ Tourner à gauche, couper la D 193 et se diriger vers le château d'Aubigny. Aller à gauche à L'Angotière. Au calvaire, prendre le chemin à droite et rejoindre la D 292.

❺ Suivre la route à gauche sur 300 m et prendre le chemin de Vauvrecy à droite. Bifurquer à gauche et emprunter vers la gauche sur 450 m une petite route vers Cahagnes.

❻ Descendre à droite le chemin rural de La Foulerie, franchir la Seullette, obliquer à gauche, couper la D 54 à hauteur de la laiterie et suivre la petite route en face.

❼ A la fourche, tourner à gauche, traverser Hamars, franchir la Seulles. Emprunter à droite la D 193 pour regagner le point de départ.

Grimpereau des jardins.
Dessin P. R.

Situation Cahagnes, à 35 km au Sud-Ouest de Caen par les N 175 et D 54

Parking plan d'eau de la vallée de Craham

Balisage bleu

Ne pas oublier

À voir

En chemin

■ Cahagnes : église reconstruite après 1944
■ château d'Aubigny 17e
■ étang de la vallée de Craham (camping, base de loisirs)

Dans la région

■ Caumont-L'Eventé : Souterroscope ■ Jurques : zoo ■ Balleroy : château ■ forêt de Cerisy

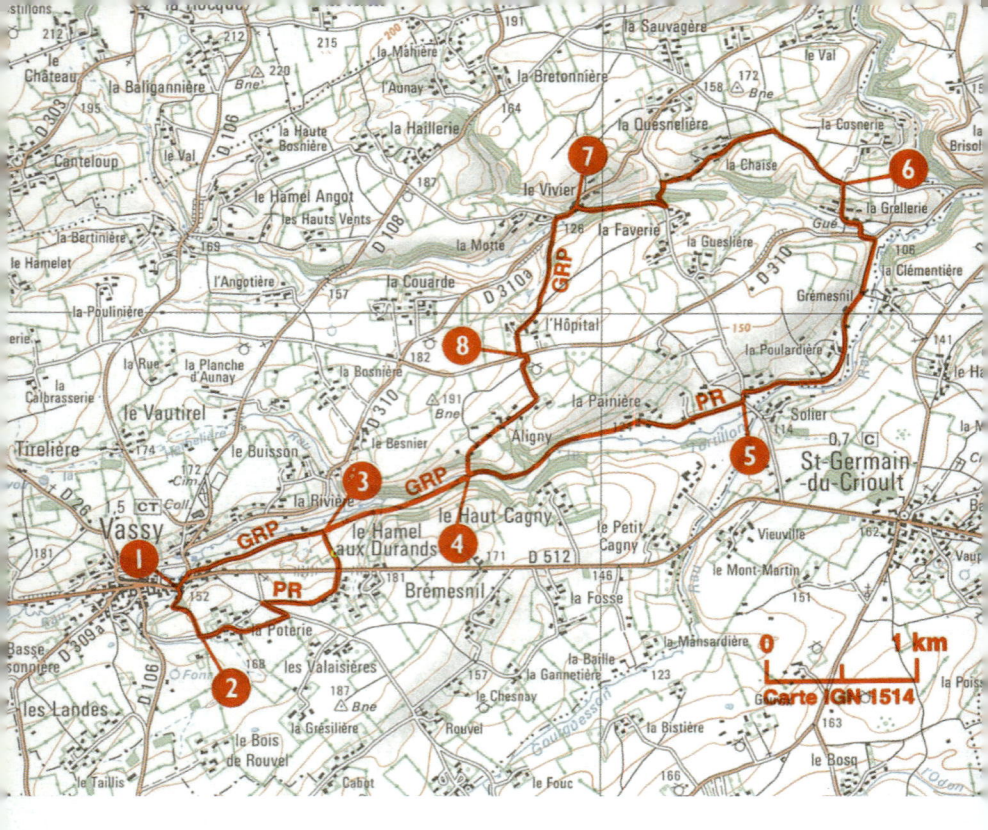

Une commanderie dans le bocage

Le baron de Vassy avait fondé la commanderie templière de Courval vers 1140. Composée bientôt d'un vaste domaine de près de 600 ha, elle appartenait au maillage des commanderies des Templiers.

Plus tard, la commanderie fut cédée aux Hospitaliers (actuels Chevaliers de Malte). C'est ce qui explique le nom « d'Hôpital » donné au hameau. Le logis seigneurial est une demeure reconstruite au 15e siècle mais c'est la chapelle du 12-13e siècle, dédiée à Notre-Dame, qui attire l'attention.

A la Révolution, l'ensemble fut vendu ; ses nouveaux propriétaires transformèrent les bâtiments en exploitation agricole.

Aujourd'hui, la chapelle a retrouvé son aspect initial. On y trouve des traces de fresques, des pilastres à chapiteaux sculptés.

La Commanderie. *Photo Mairie de Vassy.*

Le circuit des Templiers

Fiche pratique 19

3 h 45 — 15 Km

Les Hospitaliers ont succédé aux Templiers à la commanderie de Courval. A défaut de trésor, partez à la découverte du vert bocage normand !

Situation Vassy, à 16 km à l'Est de Vire par la D 512

Parking église

❶ A hauteur de l'église de Vassy, partir par la rue principale (D 512) vers Saint-Germain-du-Crioult sur 100 m. Monter un chemin à droite *(vue)*.

❷ Prendre une petite route à gauche et contourner La Poterie en prenant à gauche. S'engager dans le chemin à droite et après les maisons, traverser la D 512. Aboutir au Moulin-à-Huile.

Balisage

- ❶ à ❸ jaune
- ❸ à ❹ jaune-rouge
- ❹ à ❼ jaune
- ❼ à ❶ jaune-rouge

❸ Emprunter sur 900 m le chemin à droite qui longe le Tortillon.

❹ Poursuivre tout droit jusqu'à La Painière. Suivre la route sur 750 m jusqu'à une intersection.

Ne pas oublier

❺ Tourner à gauche, puis prendre la route à droite. Passer La Poulardière, La Biotère. Suivre le chemin au bord du Tortillon. Emprunter la D 310 à gauche sur 100 m, tourner à droite, franchir le ruisseau à hauteur de La Grellerie. Gagner un carrefour.

❻ Partir à gauche sur 600 m, tourner à gauche et traverser La Chaise *(maisons anciennes)*. La route devient chemin. Traverser le ruisseau de la Rocque, négliger un sentier à droite. Rejoindre une route à hauteur de La Faverie, la suivre à droite jusqu'à la D 310a au Vivier.

À voir

❼ Prendre la route à gauche sur 250 m. S'engager à gauche dans un chemin partant vers le Sud. Aboutir à L'Hôpital sur la D 310.

▶ Ancienne commanderie templière : visite sur réservation.

En chemin

■ Vassy : église 13e (mobilier et vitraux 19e), chapelle de la Vierge (décoration de Chifflet 1904), tombes en granit 17e-18e, ruines de l'ancien château 18e
■ L'Hôpital : ancienne commanderie templière 12e-13e-15e

❽ Couper la route et utiliser une petite route située presque en face, sur la gauche, conduisant à Aligny. Traverser ce hameau et s'engager dans le sentier vers la droite au milieu des maisons pour rejoindre le repère ❹.

Dans la région

❹ Partir à gauche le long du Tortillon.

❸ Suivre la route tout droit qui ramène à Vassy.

■ Vire : donjon, porte de l'Horloge, églises, musée
■ Le Plessis-Grimoult : abbaye ■ Pontécoulant : château

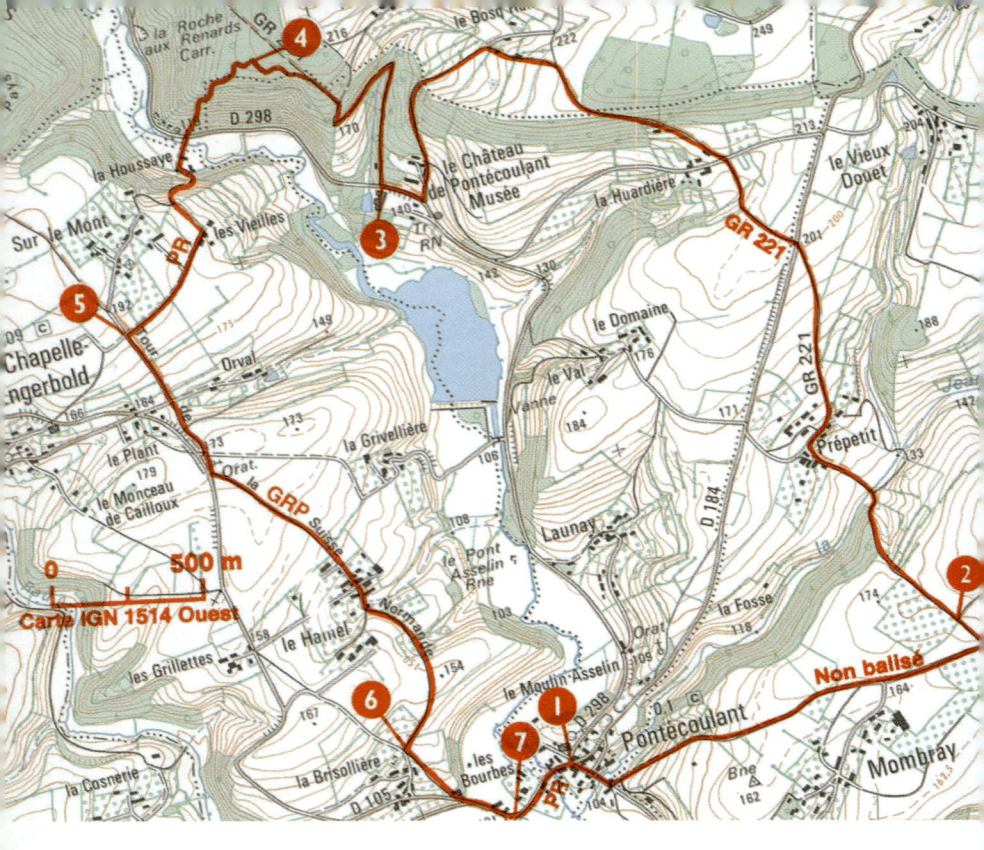

Le château de Pontécoulant

Château de Pontecoulant. *Photo G. P.*

Construit au 16e siècle et agrandi au 18e, ce château s'ouvre sur le lac alimenté par la Druance. Il appartenait à la famille Le Doulcet de Pontécoulant depuis le 14e siècle. Cette famille s'illustra dans les armées et l'administration. En 1908, sa descendance en fit don au Conseil général du Calvados qui en assure l'entretien et l'a ouvert à la visite. On s'intéressera au parc, lieu propice à la promenade.

Pontécoulant est évoqué par Olivier Basselin, poète du 14e siècle, auteur supposé des chansons à boire *Vaux de Vire* dont la boisson était l'inspiratrice : « A tout le moins à table buvant, ceci s'en va droit au Pont-Ecoulant, c'est à Guibray d'ici la droite voie. Que ce bon vin rafraîchit bien le foie ! ». Ecoulant faisait allusion au gosier où coule le vin.

La vallée de la Druance

Fiche pratique 20

3 h — 11 Km — 235 m / 104 m

De beaux horizons bosselés de collines verdoyantes forment le décor de ce circuit autour de la vallée de la Druance où se niche le château de Pontécoulant.

❶ De l'église, suivre sur 100 m la D 105 en direction de Condé-sur-Noireau. A la sortie du village, s'engager à gauche dans un large chemin devenant route. Ignorer la route à droite vers Mombray. Prendre le premier chemin à gauche.

❷ Continuer tout droit au Nord. A Prépetit, partir à droite et poursuivre sur le chemin. En délaisser un autre plus à droite. Couper la D 184 puis une autre route près de La Huardière. A proximité du Bosq-Hamon, tourner deux fois à gauche et descendre vers le château de Pontécoulant. Emprunter à droite sur 150 m la D 298 qui longe le parc du château.

❸ Au niveau du château, s'engager dans un large chemin montant à droite dans les bois de Pontécoulant sur 500 m. Contourner le vallon par la gauche et rester à gauche. Délaisser le chemin continuant tout droit. Arriver à une petite bifurcation.

▶ Accès à La Roche aux Renards *(panorama)* : s'engager à droite sur une sente.

❹ Prendre en face un sentier toujours dans les bois en forte descente aboutissant à la D 298 *(prudence)*. S'engager presque en face sur un large chemin franchissant la Druance et passant à La Houssaye. Remonter rudement en négligeant un sentier à droite. Traverser Les Vieilles.

❺ Aller à gauche puis toujours tout droit pour gagner un oratoire *(panorama sur la vallée)*. Prendre le chemin à gauche après l'oratoire, traverser Le Hamel.

❻ Près de La Brisolière, descendre le chemin à gauche et arriver sur la D 105. Partir à gauche puis tout droit sur 200 m, jusqu'au carrefour avec la D 298.

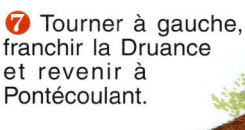

❼ Tourner à gauche, franchir la Druance et revenir à Pontécoulant.

Renard. *Dessin P.R.*

Situation Pontécoulant, à 4 km au Nord-Ouest de Condé-sur-Noireau par la D 298

Parking église

Balisage
- ❶ à ❷ orange
- ❷ à ❹ blanc-rouge
- ❹ à ❺ blanc
- ❺ à ❼ jaune-rouge
- ❼ à ❶ jaune

Ne pas oublier

À voir

En chemin
- Pontécoulant : église (fonts baptismaux anciens), lac artificiel, château 16e-18e (musée départemental : mobilier ; parc ouvert à la visite)

Dans la région
- Le Plessis-Grimoult : abbaye ■ mont Pinçon (panorama) ■ vallée de l'Orne ; sites rocheux de Clécy ■ mont de Cerisy ■ abbaye de Cerisy-Belle-Etoile

67

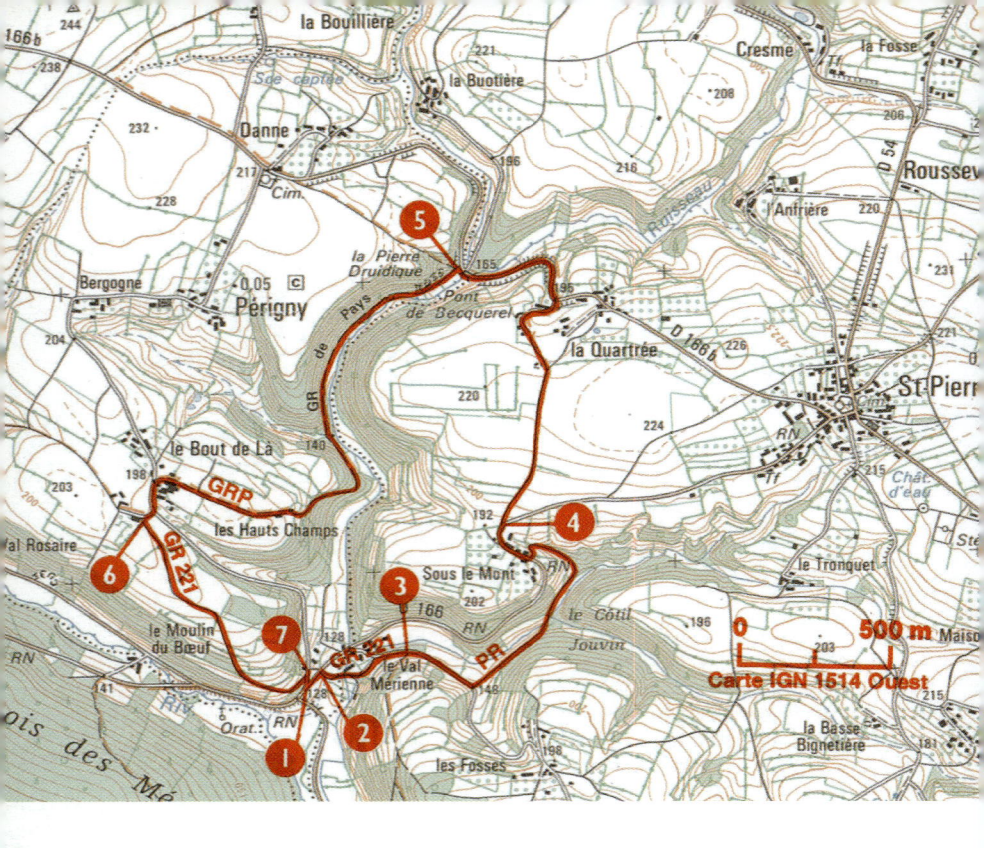

Le codrille de Périgny

C'est sur le territoire de Périgny que l'on trouve, placée sur un escarpement rocheux, la Pierre druidique. Lecœur raconte que ces pierres naturelles « passaient pour être hantées la nuit et souvent on y voyait un codrille, animal surnaturel qui effrayait et poursuivait le passant attardé » *(Esquisses du Bocage normand)*. Ce lieu domine le vallon du Cresme. Au 19e siècle, ce ruisseau était très poissonneux, et le curé de Saint-Pierre-la-Vieille y faisait pêcher des truites, des brochets et des écrevisses qui régalaient ses invités.

En mai 1993, fut inaugurée à Périgny une plaque commémorant un record peu commun : deux maires en 103 ans ! Ernest Jouvin exerça ses fonctions de 1892 à 1955 et Albert Auvray de 1955 à 1995. Peu d'élus peuvent se prévaloir d'une telle longévité politique !

Coquelicots. *Photo O. H.*

Le vallon du Cresme

Fiche pratique 21

3 h
9 Km

223 m
125 m

Situation Val-Mérienne, à 6 km au Nord-Ouest de Condé-sur-Noireau par la D 298

Parking entrée du hameau

Prenez garde au codrille, animal surnaturel qui hante la « Pierre druidique » de Périgny et effraie le passant !

❶ De la D 298 au Val-Mérienne (route venant de Pontécoulant), prendre la D 166 vers Saint-Pierre-la-Vieille.

Sorbier des oiseleurs. Dessin N. L.

❷ Partir à droite, franchir le Cresme au cœur du Val-Mérienne. Rejoindre une petite route, la suivre à droite sur 300 m.

Balisage
- ❶ à ❷ non balisé
- ❷ à ❸ blanc-rouge
- ❸ à ❺ jaune
- ❺ à ❻ jaune-rouge
- ❻ à ❼ blanc-rouge
- ❼ à ❶ jaune-rouge

▶ Accès au château de Pontécoulant *(16e-18e, ouvert à la visite)* : suivre le GR®221 ; il passe par les bois et la Roche aux Renards *(panorama)*. Balisage blanc-rouge *(4 km aller-retour)*.

❸ Continuer par la route sur 250 m.
Quitter la route, s'engager à gauche dans un chemin *(négliger les chemins partant à droite)*. A Sous-le-Mont, rejoindre la D 166. La suivre à droite sur 100 m.

❹ Tourner à gauche dans le virage sur un large chemin en crête conduisant vers La Quartrée. Avant les premières maisons, à la fourche, bifurquer à gauche dans un petit sentier, traverser la partie Ouest du hameau et retrouver la D 166b. La descendre à gauche sur 400 m et franchir le pont de Becquerel.

À voir

▶ Accès à la Pierre druidique : prendre le chemin montant sur 200 m, puis tourner à gauche pour gagner le site *(panorama et rochers)*.

❺ Après le pont, tourner à gauche dans un large chemin longeant le ruisseau le Cresme.

En chemin
- Périgny : la Pierre druidique (panorama)

Suivre la vallée *(jonquilles au printemps)*. Quitter le ruisseau et monter. Passer Les Hauts-Champs et Le Bout-de-Là. Prendre la route à gauche sur 150 m, puis celle à droite.

Dans la région
- château de Pontécoulant
- Le Plessis-Grimoult : abbaye
- mont Pinçon (panorama)
- vallée de l'Orne ; sites rocheux de Clécy
- mont de Cerisy
- abbaye de Cerisy-Belle-Etoile

❻ Quitter la route pour le chemin à gauche. Descendre à une route.

❼ La suivre à droite pour revenir au point de départ.

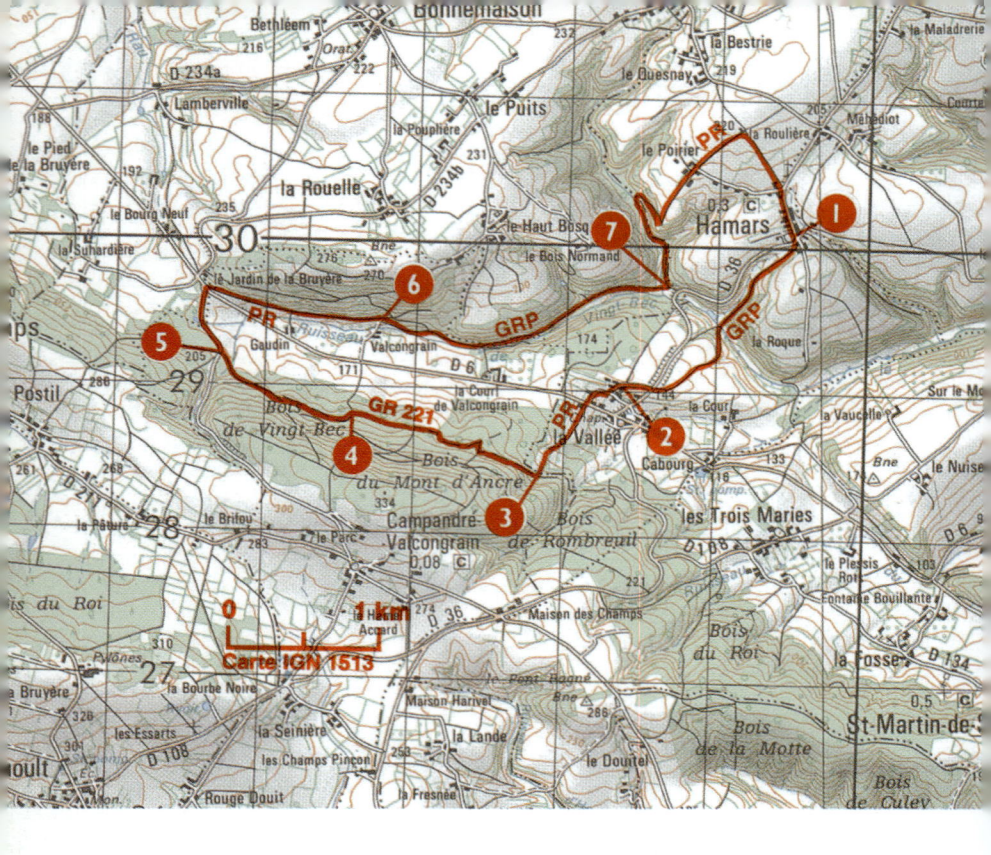

Hamars

L'étymologie de Hamars, « Hamarz » dans une charte de 1196, semble venir de *ham*, signifiant village et de *ardere* : brûler en latin. Il est vraisemblable que ce bourg fut victime d'une épidémie. Pour vaincre le fléau, on brûla toutes les maisons comme c'était la coutume. Selon une autre version, Hamars viendrait du germanique Hamarit dont le sens demeure inconnu. Un relais de poste servant aux diligences qui se rendaient de Condé à Caen existait dans le hameau de la Vallée. On y trouvait des écuries pour se reposer ou échanger les chevaux. Le 9 mai 1984, la commune d'Hamars inaugurait, près de là, une stèle à la mémoire de quatre aviateurs alliés abattus, le 30 juillet 1944, dans les bois au-dessus du village.

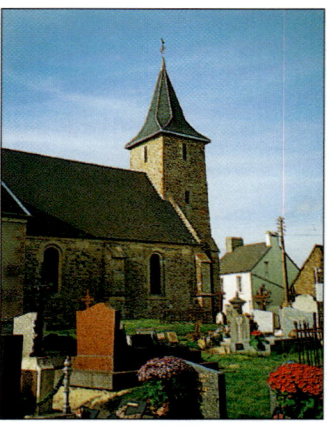

Eglise d'Hamars.
Photo G. P.

Sous le mont d'Ancre

Fiche pratique 22

3 h — 12 Km

225 m / 109 m

La vallée du Vingt-Bec, bordée de bois, présente un aspect presque montagnard qui justifie le nom de Suisse normande donné à cette région.

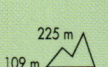

Situation Hamars, à 35 km au Sud-Ouest de Caen par les D 562, D 6 et D 36

Parking église

❶ De l'église, aller vers la salle polyvalente et descendre le chemin à droite. Plus bas, prendre le sentier à gauche après l'étang et rejoindre la D 36. La traverser et poursuivre 200 m sur la voie goudronnée en face.

❷ Continuer tout droit, descendre la rue à gauche. Passer devant une maison, emprunter la sente à gauche et prendre la rue en contrebas vers la droite. Couper la D 6. Suivre le chemin en face entre les pâturages et entrer dans le bois du Mont d'Ancre.

Balisage
- ❶ à ❷ jaune-rouge
- ❷ à ❸ jaune
- ❸ à ❺ blanc-rouge
- ❺ à ❻ jaune
- ❻ à ❼ jaune-rouge
- ❼ à ❶ jaune

❸ Tourner à droite et parcourir 1,5 km.

❹ Poursuivre en sous-bois sur 1 km et rejoindre une petite route.

Ne pas oublier

❺ Prendre à droite la petite route et rejoindre la D 6. La suivre à droite sur quelques mètres, puis s'engager à gauche dans un sentier longeant le flanc de la vallée sur 1,2 km. A l'intersection suivante, descendre sur quelques mètres à droite pour gagner un carrefour de chemins au-dessus de Valcongrain.

❻ Ignorer le chemin montant à gauche et celui descendant à droite ; poursuivre en face en restant au-dessus du ruisseau du Vingt-Bec sur 2 km.

À voir

❼ Après le gué, prendre un sentier à gauche qui suit une petite vallée sur 700 m. Monter à droite le chemin. Il effectue un crochet à droite. En haut, obliquer à gauche et atteindre Le Poirier. Laisser la route à droite et poursuivre sur le chemin en face. Gagner un carrefour.

En chemin
- Hamars : église 18e (mobilier religieux 18e), maisons bocaines
- La Vallée : stèle et allée des Aviateurs (1944)

▶ Panorama sur le Mont d'Ancre, 334 m.

Descendre la sente à droite et atteindre une petite route. Rejoindre le carrefour à gauche et descendre la D 36 à droite pour revenir à Hamars.

Dans la région
- Thury-Harcourt : parc du château ■ château de Pontécoulant ■ vallée de l'Orne : rochers de Clécy ■ forêt de Grimbosq

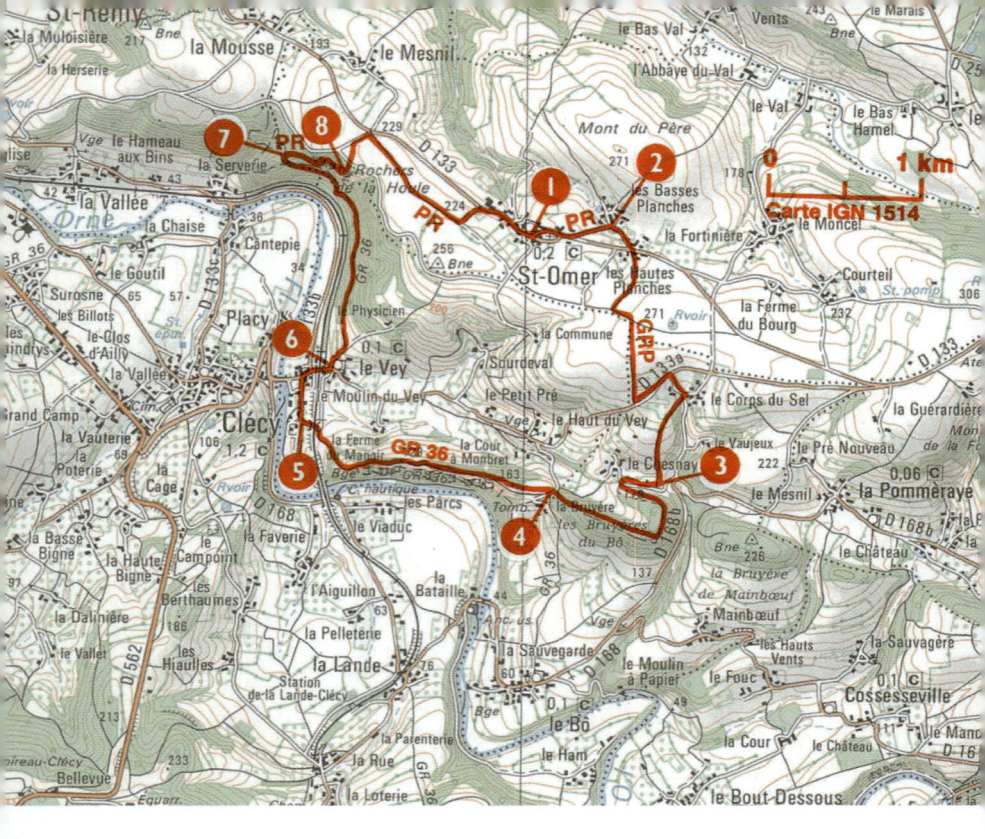

Les rochers de Clécy

Clécy, source d'inspiration des peintres Pissaro, Moteley et Hardy (musée au village), est célèbre pour ses rochers d'où l'on a une vue étendue : rochers du Parc, muraille fréquentée par les varappeurs au-dessus du viaduc édifié en 1866, et rochers de la Houle, sur Saint-Omer, d'où s'élancent les parapentes et les deltaplanes.

On raconte qu'à Noël, des faux-monnayeurs volèrent la cloche de la chapelle Saint-Roch à Pont-d'Ouilly. Ils la chargèrent sur un cheval et partirent vers Clécy. Arrivés à l'endroit le plus abrupt, le cheval tomba dans la rivière. On entendit alors, sortant du fond de l'abîme, le tintement de la cloche. Les voleurs s'enfuirent. Depuis, chaque année à Noël, on entend la cloche, du fond de l'eau, appeler les fidèles à la messe.

Rochers des Parcs. *Photo G. P.*

La Suisse normande

Fiche pratique 23

3 h 30 — 14 Km

265 m / 40 m

Clécy est un haut lieu du tourisme pédestre et vous pourrez constater là que l'appellation « Suisse normande » se justifie pleinement.

❶ De l'église, partir vers l'Est, passer devant la mairie de Saint-Omer et un calvaire. Bifurquer à gauche dans une route menant aux Basses-Planches.

❷ Monter à droite un chemin vers Les Hautes-Planches, traverser la D 133 et s'engager dans le chemin en face. Au bout, suivre à gauche le chemin de crête. Descendre à droite par un chemin. Monter la D 133a à gauche et descendre à droite sur Le Corps-du-Sel. Suivre à droite un chemin jusqu'à une route.

▶ Accès au gîte d'étape de La Pommeraye : partir à gauche *(2 km ; balisage blanc)*.

❸ Suivre la route à droite vers Le Chesnay. Tourner au chemin à gauche, puis plus loin, encore à gauche et traverser le bois. Descendre vers un parking.

❹ A l'entrée du parking, prendre en face le chemin des rochers du Parc *(négliger la route menant à gauche vers La Bruyère). Attention : à-pic !* Descendre, passer sous la voie ferrée et déboucher près du camping.

❺ Prendre à droite la route. Tourner à droite sur la D 133a. Passer sous la voie ferrée et gagner l'église du Vey.

❻ Monter la route à gauche de l'église, vers Le Physicien. S'engager à gauche dans un chemin montant. Continuer et, après une rude montée à gauche, parvenir au panorama du Pain de Sucre. Revenir sur ses pas quelques mètres.

❼ Prendre à gauche vers l'Est un sentier en descente *(éviter le chemin de droite rejoignant le GR®36)*, puis suivre celui partant vers la gauche. Partir franchement vers l'Est. Le sentier devient étroit *(attention : à-pics)*, négliger un sentier à gauche. Aboutir en haut des rochers de La Houle sur le terre-plein des deltaplanes.

❽ Bifurquer à gauche, traverser la route des crêtes puis le parking pour arriver sur une autre route. La prendre à droite. Au carrefour, emprunter le chemin de crête à droite vers le Sud-Est. Tourner à gauche pour rejoindre les maisons de Saint-Omer. Revenir au point de départ par la D 133 à droite.

Situation Saint-Omer, à 18 km au Nord de Condé-sur-Noireau par les D 562, D 133a et D 133

Parking église

Balisage
- ❶ à ❷ blanc
- ❷ à ❹ jaune-rouge
- ❹ à ❼ blanc-rouge
- ❼ à ❶ blanc

Difficulté particulière

■ à-pic entre ❹ et ❺ puis ❼ et ❽

Ne pas oublier

À voir

En chemin

■ Saint-Omer : église remaniée au 18e ; panorama des Rochers de la Houle
■ Le Vey : église en partie médiévale 18e, vestiges d'un château Renaissance, musée de l'Abeille ; panorama des Rochers du Parc

Dans la région

■ Clécy : église 19e, maisons 18e, manoir de Placy 16e, musée Hardy (peintures)

73

0
500 m
Carte IGN 1513 Est
Goupillières
Ouffières
Neumer
Cropton
le Fresnay
la Cannée
Martinbeau
la Métairie
le Moulin Fouloir
le Moulin d'Argences
la Roche à Bunel
le Val Quebert
le Bas de St Benin
Thury-Harcourt
la Roche Bouquet
Centre aquatique
St-Silly
les Demagnes
le Hom
L'ORNE
le Bas de Martinbeau
les Valettes
les Costils d'Au
le Breuil
les Champs Pelé
le Val Roy
le Bosq d'Aune
le Vasseur
la Raite
les Étoquets
les Bontards
le Pont de Brie
le Moulin de Brieux
Petit Aunay
GR 36
GR 36 (variante)
GRP
PR
D 139
D 212
D 234
D 212a
D 121

La vallée de l'Orne

Fiche pratique 24

4 h 15 — 17 Km
135 m / 25 m

En amont de Caen, l'Orne est très pittoresque. Ce circuit vous invite à en découvrir les deux rives au Nord de Thury-Harcourt.

❶ Suivre la route au Sud. Au virage, prendre le sentier à gauche, contourner Le Bosq-d'Aune par la gauche. Passer Le Val-Roy et gagner le ruisseau du Val Cropton.

❷ Remonter à droite le chemin de la vallée. Traverser la D 212 et arriver à une intersection.

❸ Suivre le chemin à gauche, gagner un croisement *(oratoire)*.

▶ Variante : gagner en face la Métairie ; rejoindre le GR® de Pays ; descendre le chemin, couper la D 121, monter à droite et descendre par le chemin à gauche *(prudence)* pour traverser Le Val-Quèbert ; suivre la D 6 à gauche, monter par un sentier à droite ; descendre à gauche, aller à droite et gagner le repère ❺ *(balisage jaune-rouge)*.

❹ Prendre le chemin entre les deux routes et rejoindre la D 212, au Hom. Franchir les ponts puis la Tranchée. Suivre la D 6 à gauche vers Thury.

❺ Franchir le pont, aller à droite, couper la voie ferrée et rejoindre le château de Thury-Harcourt.

❻ Suivre la rue à gauche, couper la D 562. Prendre en face, puis la rue à gauche et descendre vers le camping en longeant le ruisseau de l'autre côté de l'étang. Au camping, suivre la sente à gauche et gravir la montée.

❼ Traverser la D 562 *(prudence)*, emprunter une route. Laisser la route à gauche, rejoindre le carrefour avec la D 121. La suivre à gauche. Descendre à droite un sentier avant Saint-Silly. A la voie ferrée, grimper le sentier à droite. Suivre à gauche un chemin descendant. Emprunter un sentier longeant une vallée à droite. Bifurquer à gauche et rejoindre une route par une allée.

❽ Suivre la route à droite. Tourner à gauche au Breuil. S'engager dans l'allée à gauche. Bifurquer à droite puis à gauche, franchir un pont et longer la voie ferrée. Passer un ru, monter en face et suivre un chemin qui mène à Brieux.

❾ Tourner à gauche, descendre un sentier. Aller à gauche, par la route, au pont de Brie.

Situation Goupillières, à 20 km au Sud de Caen par les D 212 et D 171

Parking pont de Brie (sur l'Orne)

Balisage
❶ à ❾ blanc-rouge
❾ à ❶ blanc

Ne pas oublier

À voir

En chemin

■ Le Hom : vestige de pont gallo-romain ; site de la boucle du Hom ■ Thury-Harcourt : vestiges du château 17e, chapelle 18e, pavillons, douves, parc (ouvert à la visite), église (façade 13e)

Dans la région

■ château de Pontécoulant ■ Clécy : vallée de l'Orne, sites et rochers ■ forêt de Grimbosq ■ Caen : ville d'art et d'histoire

Le doux val d'Orne

Le bassin de l'Orne (l'Olna) couvre une superficie de 2 932 km environ et son débit moyen est de 27 m3/s. Il a un régime de type océanique rapide. Long de 158 km, le fleuve prend sa source à Aunou, dans le département qui en porte le nom, à 201 m d'altitude. Il arrose Sées et Argentan avant d'entrer dans le Calvados. Il y entre à Pont-d'Ouilly au confluent avec le Noireau, baigne Thury-Harcourt, traverse Caen et parvient à la Manche, près de Ouistreham.

Entre Pont-d'Ouilly et Thury-Harcourt, la vallée offre d'agréables paysages : c'est la Suisse normande, appellation purement touristique de cette partie du Bocage normand. Un ministre du Tourisme, M. Gourdeau, de passage en Normandie en 1932, aurait fait cette comparaison. Une illustration est la boucle du Hom, en aval de Thury-Harcourt. C'est là un caprice de l'Orne qui en creusant le roc et les grès rouges a formé un méandre spectaculaire.

Paysage de Suisse normande. Photo O. H.

Une rivière à poissons

Malgré ses fluctuations saisonnières et une pente peu marquée, les besoins énergétiques permanents ont, depuis l'époque romaine, entraîné l'implantation de nombreux ouvrages hydrauliques sur l'Orne et ses affluents. Cette succession de barrages et de moulins a fini par entraver la remontée des salmonidés depuis le début du 20e siècle, alors qu'autrefois le saumon et la truite de mer étaient très abondants dans l'Orne. A partir de 1979, un certain nombre d'actions ont été menées sur la rivière afin de développer son cheptel de poissons. Stoppés jusqu'en 1983 au barrage du Hom, les saumons peuvent aujourd'hui remonter l'Orne jusqu'au barrage de Rabodanges, grâce à l'aménagement d'une passe à poissons.

L'Aulne Vert, Centre permanent d'initiation à l'environnement de la vallée de l'Orne, a mis en place des panneaux d'information en différents points du fleuve.

Moulin du Vey. *Photo P.G. CDT 14*

Thury-Harcourt

Le bourg de Thury-Harcourt est situé sur l'Orne et constitue l'une des « portes » de la Suisse normande. Une piscine moderne, un camping, une base de canoë-kayak et de nombreux sentiers de randonnée (dont le GR® 36) en font une étape très appréciée des touristes. C'est la patrie du poète Pierre Gringoire (1481-1557) et du promoteur de l'électrométallurgie Paul Héroult (1862-1914). Le village, anéanti à 80 % lors des combats de la Libération, a été agréablement reconstruit. Berceau de la famille d'Harcourt, il possède, par ailleurs, les ruines d'un château du 17e siècle au milieu d'un parc admirable ouvert à la visite. C'était une des plus belles demeures de Normandie avant 1944. Il n'en reste plus que la façade, la chapelle et les pavillons d'entrée. Baronnie sous les ducs normands, marquisat en 1578, c'est en 1700 que la famille d'Harcourt érige ses fiefs de Thury, Cesny et Grimbosq en duché-pairie d'Harcourt. Dès lors, le nom d'Harcourt est venu s'adjoindre à celui de Thury.

Château de Thury-Harcourt. *Photo G. P.*

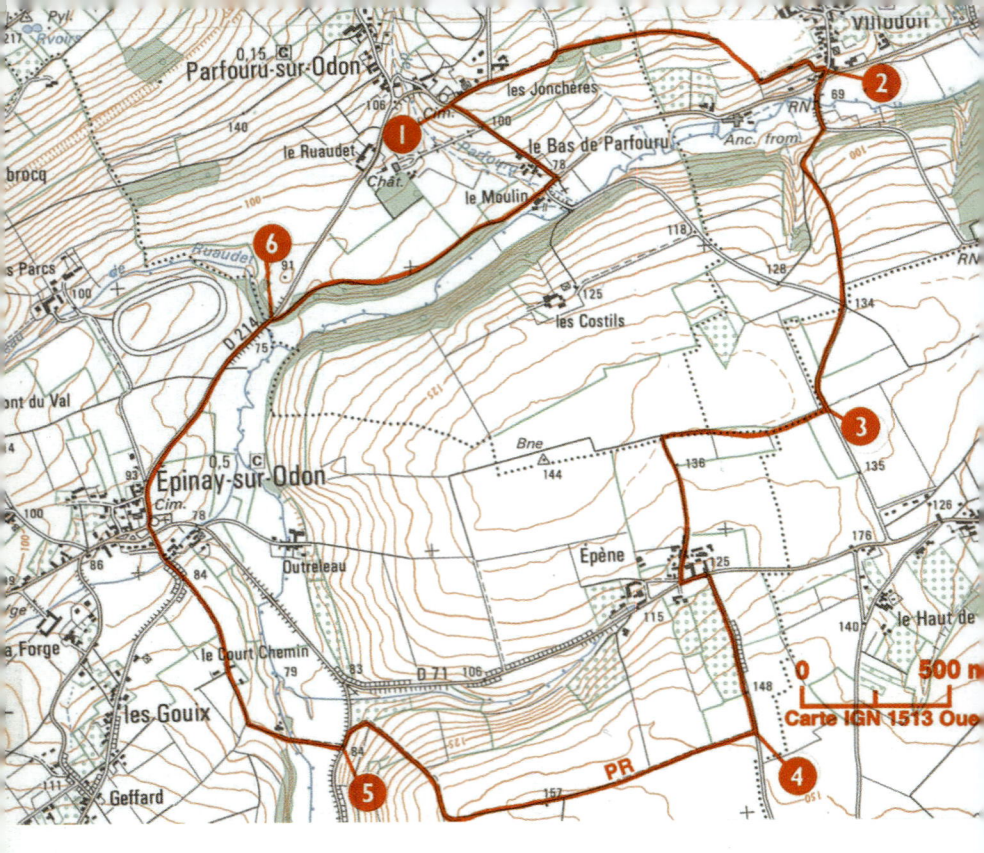

Un conte du bocage

On aimait autrefois, dans ce pays de bocage, raconter des histoires à la veillée. On racontait ainsi celle du *Fé* amoureux. Un jour, un fé (un lutin pour les bocains, habitants du bocage), tomba amoureux, bien mal lui en prit, d'une jolie et vertueuse paysanne. Il passait des heures et des heures, grimpé sur un escabeau, à contempler la belle qui filait devant l'âtre. La jeune femme, excédée, prévint son mari qui, jaloux, décida de se débarrasser de l'importun. Le lendemain, le fé amoureux revint près de l'âtre où il découvrit le mari déguisé en fileuse.

Sur les chemins du Bocage. *Photo CDT.*

Au moment où il s'assit, il se releva tordu de douleur et s'enfuit en criant. Le rusé paysan avait fait rougir au feu une galetière en tôle et l'avait placée sous le siège du gêneur !

Les balcons de l'Odon

Fiche pratique 25

3 h — 10 Km

L'Odon, rivière paisible, s'écoule dans un cadre champêtre, souvent boisé et parfois tourmenté. Parfouru *(Profondus rivus)* signifie « vallée encaissée ».

Situation Parfouru-sur-Odon, à 22 km au Sud-Ouest de Caen par la D 214

Parking halte-randonneurs (mairie)

Balisage

- ❶ à ❷ orange
- ❷ à ❸ jaune
- ❸ à ❺ bleu
- ❺ à ❶ orange

❶ Au sortir de la halte-randonneurs, remonter la route vers la gauche et, au virage, prendre vers la droite l'allée menant à Villodon. Gagner la rue principale.

❷ Descendre la rue à droite, traverser la D 214, franchir l'Odon et monter le chemin à droite. Retrouver la route plus haut dans un virage. La suivre à gauche vers Landes-sur-Ajon.

❸ S'engager dans le premier chemin à droite sur 500 m, puis tourner à gauche pour rejoindre Epène et la D 71. Prendre à gauche, puis virer à droite sur la petite route.

❹ Emprunter à droite un large chemin. Descendre dans la vallée et déboucher sur la D 121. La prendre à gauche.

❺ S'engager dans le sentier à droite, franchir l'Odon et déboucher sur une route. Aller à droite pour gagner la place d'Epinay-sur-Odon. Passer devant l'église et suivre la D 214 sur 1 km vers Parfouru.

❻ Prendre à droite, en contrebas, la sente qui suit l'Odon jusqu'au moulin de Parfouru. Emprunter la route à gauche, puis tourner à gauche au calvaire et revenir au point de départ.

Feuille de châtaignier. Dessin N. L.

À voir

En chemin

- Epinay-sur-Odon : manoir 17e-18e, église néogothique, patrie de l'industriel Richard Lenoir
- Parfouru-sur-Odon : église, château 18e, ferme Renaissance, ancien moulin

Dans la région

- Caen : ville d'art et d'histoire
- Vieux : jardin archéologique (domus gallo-romain)
- forêt de Grimbosq
- Jurques : zoo

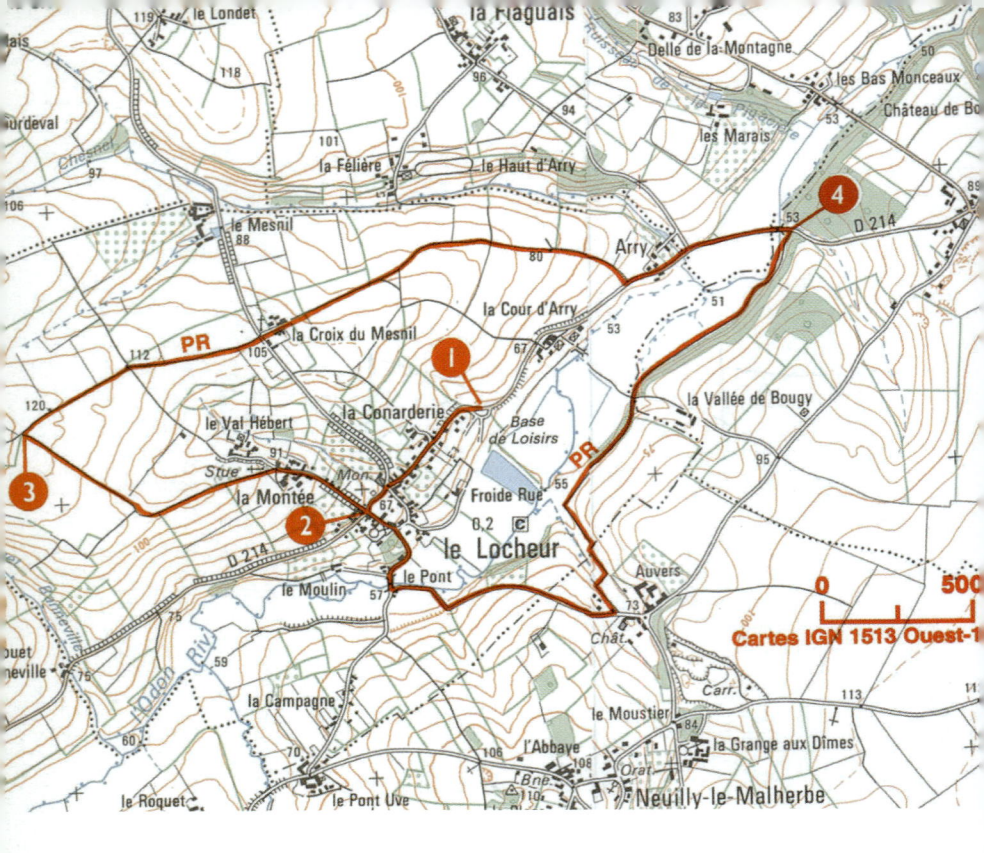

Un curé au franc-parler

Le Locheur pourrait venir du verbe normand « locher » : remuer, secouer. C'était à l'origine une simple chapelle dépendante d'Arry et érigée en paroisse par l'évêque de Bayeux en 1162. Arry a été réunie au Locheur en 1813. On connaît beaucoup d'histoires sur Pierre Lepage, curé d'Arry lors de la Révolution. Face au manque d'assiduité de ses paroissiens, il leur dit un dimanche : « Que répondrai-je au Seigneur quand il me demandera : — Curé d'Arry, qu'as-tu fait de tes ouailles ? Où sont-elles ? — Où elles sont ? dirai-je : elles sont au Pont du Locheur, chez Manon la Bridette, à jouer aux quilles ! Est-ce pour cela, me dira-t-il, que je te les avais confiées ? Je lui dirai : Seigneur, pardonnez-moi, mais bêtes vous me les avez données, bêtes je vous les rends. »

Lavoir près de la mairie du Locheur. *Photo G. P.*

Autour du Locheur

Fiche pratique 26

2 h 20 • 7 Km

De nombreux chemins ombragés parcourent la commune du Locheur, offrant de jolis points de vue sur la vallée de l'Odon.

❶ Suivre la D 214 à gauche vers Le Locheur. Passer devant la mairie, le monument aux morts puis le terrain de boules *(aire de pique-nique)* pour rejoindre un carrefour de routes.

❷ Tourner à droite et gagner le hameau de La Montée. Au niveau d'une statue de la Vierge, prendre le chemin sur la gauche jusqu'à une intersection. Remonter tout droit pour rejoindre un autre chemin.

❸ Tourner à droite, croiser un chemin et gagner une route. Passer devant le calvaire et aller tout droit. Déboucher sur la D 214 près d'Arry. La suivre à gauche, négliger une route à gauche et passer plus loin l'Odon.

❹ Monter le chemin à droite, longer l'Odon et rester à droite. Aux maisons, aller à gauche, puis suivre la route à droite à la sortie du chemin sans issue. Traverser le pont à droite et remonter la route. Longer l'église et parvenir au repère ❷.

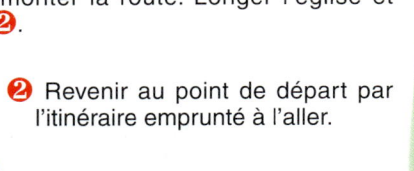

❷ Revenir au point de départ par l'itinéraire emprunté à l'aller.

Alouette des champs. *Dessin P.R.*

Situation Le Locheur, à 17 km au Sud-Ouest de Caen par la D 214

Parking base de loisirs (aire de jeux, étang)

Balisage
❶ à ❷ non balisé
❷ à ❸ blanc
❸ à ❹ orange
❹ à ❷ jaune
❷ à ❶ non balisé

Ne pas oublier

À voir

En chemin
■ Le Locheur : église 13e, aire de loisirs (étang)
■ manoir d'Arry 17e

Dans la région
■ Caen : ville d'art et d'histoire ■ Vieux : jard'n archéologique (domus)
■ forêt de Grimbosc
■ Jurques : zoo

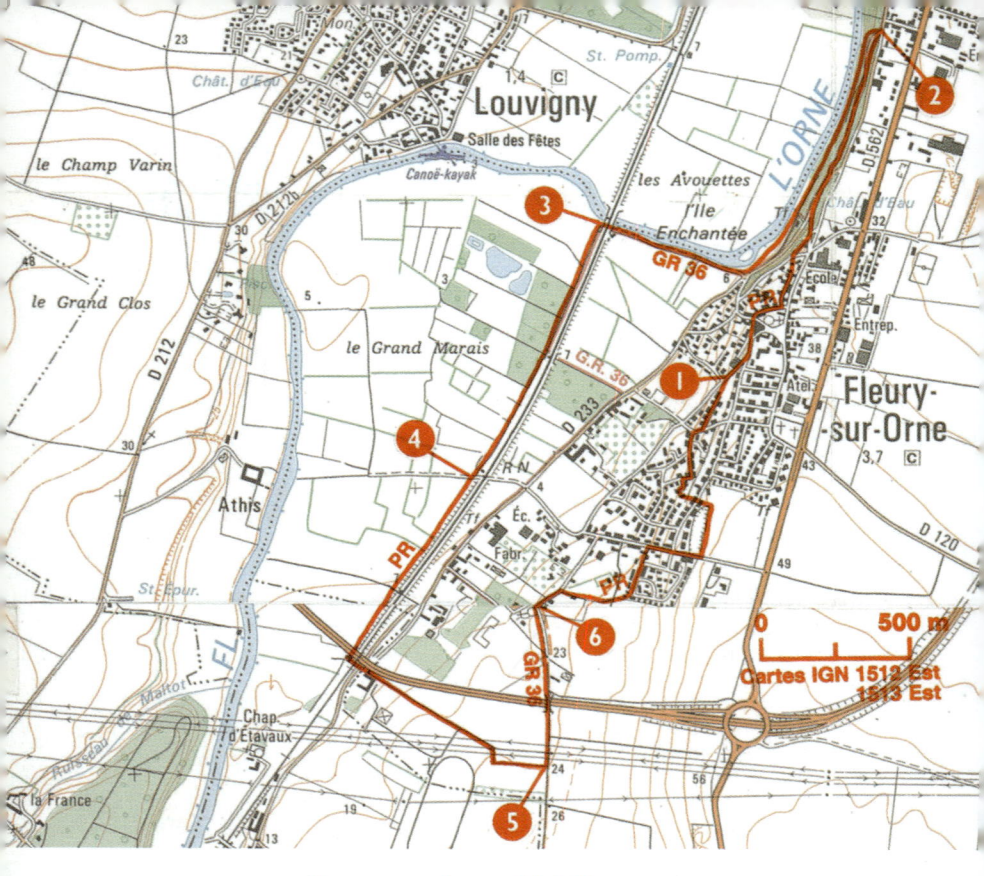

Souvenirs d'Allemagne

En 1047, ce fut près du village de Fleury que les barons révoltés, battus au Val-ès-Dunes par le duc Guillaume de Normandie, passèrent l'Orne. Le carnage fut si grand que leurs corps emportés par le courant bloquèrent le moulin de Bourbillon près de l'île Enchantée.

En 1916, Fleury-sous-Douaumont, près de Verdun, est anéanti sous les bombes allemandes. « Indignée des atrocités commises par les hordes allemandes », la commune nommée « Allemagne », située au sud de Caen, décide alors de reprendre ce nom, devenant Fleury-sur-Orne (1917).

De nombreuses carrières de pierre calcaire furent ouvertes à Fleury-sur-Orne jusqu'en 1934 (environ 11 ha).

L'île Enchantée à Fleury-sur-Orne. *Photo G. P.*

On y a trouvé des ammonites, des nautiles et même des crocodiles !
Près de 20 000 réfugiés y vécurent lors des bombardements des 6 et 7 juin 1944.

Fleury-sur-Orne

Fiche pratique 27

2 h 50 — 8,5 Km

Allemagne est l'ancien nom de Fleury-sur-Orne avant 1917. En contrebas, l'Orne paresse au pied des coteaux dans lesquels on creusa, au cours des siècles, de nombreuses carrières de pierre calcaire.

❶ De la mairie de Fleury-sur-Orne, se diriger vers la place du village. Peu avant celle-ci, emprunter la rue de la Paix à gauche, passer un croisement et monter. Prendre à gauche la rue Neuve (le Caniveau) et rejoindre, après un coude à gauche, la rue des Tilleuls dominant l'Orne. La suivre à droite sur quelques mètres avant d'utiliser sur la gauche puis tout droit sur 600 m le chemin des Carrières. Gagner une petite route.

❷ Poursuivre en face et descendre au niveau de l'Orne par un chemin pentu en S. Longer la rivière vers le Sud jusqu'au niveau de l'île Enchantée. Continuer par la digue pour atteindre l'ancien pont ferroviaire sur l'Orne.

❸ Tourner à gauche après le pont et suivre le chemin latéral à l'ancienne voie ferrée sur 1 km. Aboutir à un croisement de chemins.

❹ Poursuivre en face sur le chemin latéral et passer sous le périphérique Sud de Caen. Prendre à gauche, couper la route et s'engager sur le chemin de la ferme Flambard. Rejoindre un chemin perpendiculaire.

❺ Tourner à gauche, passer sur le pont du périphérique et aboutir à la vieille église de Fleury-sur-Orne.

❻ Prendre la route à droite, puis emprunter le chemin du Colombier à gauche. Au lotissement, utiliser le passage à gauche menant à la Grande-Rue. La remonter à droite, passer les bâtiments et traverser à gauche l'aire de jeux. Revenir sur la rue Pasteur et, par la sente à gauche, rejoindre la place Anatole-France. Suivre les rues Salvador-Allende, Langevin, Eugène-Varlin et A.-Croizat pour revenir à la mairie de Fleury-sur-Orne.

Pluvier argenté. *Dessin P. R.*

Situation Fleury-sur-Orne, à 2 km au Sud de Caen par la D 562

Parking mairie

Balisage
- ❶ à ❷ jaune
- ❷ à ❹ blanc-rouge
- ❹ à ❺ jaune
- ❺ à ❻ blanc-rouge
- ❻ à ❶ jaune

Difficulté particulière
- chemin inondable entre ❷ et ❸

À voir

En chemin
- Fleury-sur-Orne : église néogothique, manoir 16e, château de La Basse-Allemagne 18e, église de La Basse-Allemagne néogothique (clocher 11e)

Dans la région
- Caen : ville d'art et d'histoire ■ Fontenay-le-Marmion : tumulus néolithique ■ forêt de Grimbosq

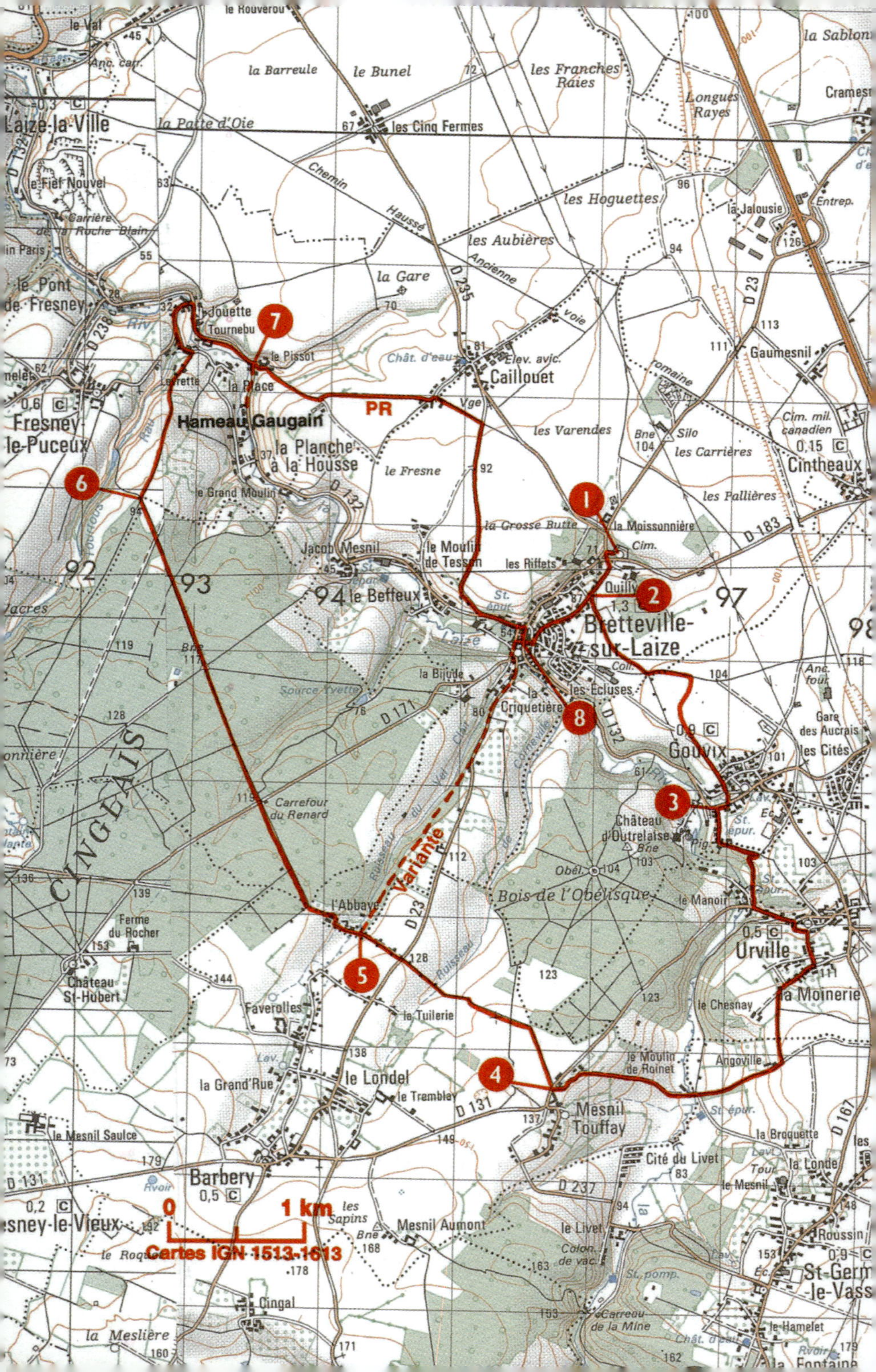

le Val
la Barreule
le Bunel
les Franches Raies
Longues Rayes
la Sablon
Cramesnil
Laize-la-Ville
la Patte d'Oie
les Cinq Fermes
le Fief Nouvel
Carrière de la Roche Blain
Chemin Haussé
les Hoguettes
la Jalousie
les Aubières
Ancienne voie romaine
la Gare
le Pont de Fresney
Jouette Tournebu
le Pissot
Caillouet
Gaumesnil
Fresney-le-Puceux
Hameau Gaugain
la Place
PR
les Varendes
Silo
les Carrières
Cim. mil. canadien
Cintheaux
la Planche à la Housse
le Fresne
les Pallières
le Grand Moulin
la Grosse Butte
la Moissonnière
Jacob Mesnil
le Moulin de Tessel
les Riffets
Quilly
le Beffeux
Bretteville-sur-Laize
la Bijude
Source Yvette
les Écluses
la Criquetière
Gouvix
Gare des Aucrais
les Cités
CINGLAIS
Carrefour du Renard
Château d'Outrelaise
Variante
Bois de l'Obélisque
le Manoir
Ferme du Rocher
l'Abbaye
Urville
Château St-Hubert
la Moinerie
Faverolles
la Tuilerie
le Chesnay
le Moulin de Roinet
Angoville
la Grand'Rue
le Londel
le Tremblay
Mesnil Touffay
le Mesnil Saulce
la Broquette
Cité du Livet
la Londe
Barbery
le Mesnil
0
1 km
Cartes IGN 1513-1613
les Sapins
Mesnil Aumont
le Livet
Colon. de vac.
Roussin
St-Germain-le-Vasson
le Roque
Cingal
Carreau de la Mine
la Meslière
le Hamelet
la Fontaine
1
2
3
4
5
6
7
8

Le sentier du val de Laize

Fiche pratique 28

Ce circuit part à la découverte d'églises, de châteaux et de vestiges de l'activité artisanale et industrielle de cette vallée : moulins, tanneries, mines….

5 h — 20 Km
140 m / 30 m

1 De l'église, descendre, se diriger à gauche vers le manoir *(privé)*. Prendre la rue de la Dîme à droite.

▶ Possibilité de gagner le repère **6** : *voir tracé en tirets sur la carte*.

2 Partir à gauche dans un chemin. Au croisement, prendre à gauche puis à droite. Suivre la route à gauche vers Gouvix. Passer devant le lavoir. Prendre la D 132 à droite *(château d'Outrelaise à 500 m à droite)*.

3 Prendre à gauche la rue du Bourg. S'engager à droite entre deux rochers et descendre à la D 131 *(anciens bâtiments des mines)*. L'emprunter à gauche, puis à droite la rue Mouillée. Partir à droite après le lavoir. Au bout de la rue, aller à droite. Utiliser à gauche un sentier puis un chemin à droite, passer la ferme d'Angoville, descendre dans la vallée. Franchir la Laize au moulin Roinet, monter la route jusqu'au Mesnil-Touffay.

4 Couper la D 131, puis la D 23. Aller vers l'abbaye de Barbery. Gagner l'angle d'un mur.

▶ Raccourci *(boucle de 13 km)* : emprunter à droite le Chemin de l'Abbaye. Suivre la D 23 à gauche et revenir à Bretteville-sur-Laize *(balisage jaune-bleu)*.

5 Poursuivre, traverser l'abbaye et parvenir sur une allée. Continuer sur 3,5 km.

6 A l'orée de la forêt, descendre à droite à Levrette. Prendre la route à gauche, descendre à droite la D 238b vers Le Touchet. Après le pont, suivre la D 132 à droite *(au Hameau-Gaugain, tannerie restaurée par l'Association Val-de-Laize : suivre la D 132)*.

7 A la ferme de Pissot, prendre le chemin qui la contourne, puis monter à droite. A la fourche, aller à gauche vers Caillouet. Au hameau, prendre à gauche puis à droite, longer le mur du manoir (le chemin se trouve entre une haie et le mur du manoir), puis emprunter à droite la route descendant à la mairie de Bretteville-sur-Laize.

8 Monter à gauche après la mairie. Tourner à gauche et revenir au départ.

Situation Bretteville-sur-Laize, à 20 km au Sud de Caen par les N 158 et D 23

Parking église de Quilly

Balisage
1 à **5** jaune-vert
5 à **8** jaune-bleu
8 à **1** jaune-vert

Ne pas oublier

À voir

En chemin

■ Bretteville-sur-Laize : église de la reconstruction (dalles funéraires, statues anciennes) ■ Quilly : manoir 16e-17e, église (clocher 11e-12e, chœur roman, nef 18e) ■ Gouvix : château d'Outrelaise 16e-18e, église 12e-19e, anciennes mines de fer ■ Barbery : chapelle Saint-Martin 13e, vestiges de l'abbaye de Barbery (bâtiment 13e, manoir abbatial 18e) ■ Fresney-le-Puceux : anciens moulins

Dans la région

■ Caen : ville d'art et d'histoire ■ forêt de Grimbosq ■ château de la Motte

Bretteville-sur-Laize

Longue de 34 km, la profonde vallée de la Laize se prête mal à la création d'un axe de circulation. La plupart des communes riveraines se fixèrent sur les plateaux voisins propices aux cultures. Seul Bretteville-sur-Laize se développa sur les bords de la rivière pour des raisons militaires (motte) et économiques (de nombreuses tanneries s'y installèrent). Au 19e siècle, un tramway reliant Caen à Falaise s'y arrêtait. Détruit en 1944, le bourg a été entièrement reconstruit ainsi que l'église (1957). Quilly, rattaché à Bretteville en 1856, proche de carrières exploitées dès l'époque romaine, possède une église au clocher normand et un manoir avec logis Renaissance (propriété privée). Plus haut dans la vallée, le château d'Outrelaize est le joyau du Val-de-Laize (visite possible du parc l'après-midi). Gouvix et Urville possédaient des mines de fer dont le minerai était transporté par berlines suspendues jusqu'aux fours à griller sur le plateau de Gouvix. Elles ont fermé en 1968.

Eglise de Quilly. Dessin G.P.

La Laize : une vallée industrielle

Grâce à ses moulins, la vallée ne commença à s'animer vraiment qu'aux 18e et 19e siècles. Ainsi, en 1799, de Saint-Germain-Langot à son confluent avec l'Orne, la Laize actionnait 32 moulins. On comptait trois moulins à tan et cinq moulins à huile, mais la plupart produisaient de la farine pour les villages voisins et pour la ville de Caen. C'est au 19e siècle et pendant les deux premiers tiers du 20e siècle que la vallée connut l'activité la plus intense. Véritable « rue d'usines » de Saint-Germain-le-Vasson à Clinchamps, elle était animée par des activités aussi diverses que la fabrication de l'huile, du cuir et du fromage, l'extraction de la pierre et du minerai de fer, le travail du bois ou l'artisanat du bâtiment, la mécanique, la dentelle et la broderie…

Les roues des moulins se sont aujourd'hui arrêtées, on ne trouve plus dans la vallée qu'une carrière à Fresney-le-Puceux et une entreprise de réparation d'engins agricoles et de travaux publics à Bretteville-sur-Laize.

La forêt de Cinglais

Le vaste massif forestier de Cinglais, s'étendant sur la rive droite de la Laize à la limite de la plaine de Caen et du bocage, couvre 1 475 ha. De tout temps, les seigneurs de la région s'en partagèrent la possession. Durant la guerre de Cent Ans, la forêt était parcourue par des brigands qui pillaient les alentours. En 1793, elle fut déclarée bien national mais restituée à ses anciens propriétaires en 1814. C'est actuellement une forêt privée ; seule une petite partie au sud est devenue domaniale entre 1976 et 1980. Elle constitua de tout temps une réserve de bois pour toute la région. Son bois alimenta la chaudière du tortillard qui reliait Caen à Falaise via Bretteville-sur-Laize. On venait aussi y chercher le tan nécessaire aux tanneries de la vallée proche. En 1944, l'aviation alliée attaqua les troupes allemandes qui tentaient de s'y dissimuler, martyrisant le massif.

Aujourd'hui, le promeneur peut y cueillir la jonquille de mars et le muguet de mai.

L'abbaye de Barbery

L'abbaye de Barbery appartenait à l'ordre de Cîteaux. Elle fut fondée à partir de 1140 par les Marmion (importante famille féodale) à l'emplacement de l'actuel lieudit la Vieille Abbaye. Cet emplacement ayant été jugé trop restreint, elle fut déplacée en 1181 sur l'emplacement actuel, à l'entrée de la forêt de Cinglais. De nombreux bienfaiteurs vinrent doter l'abbaye qui se trouva bientôt à la tête d'un vaste patrimoine foncier dans la région. Elle fut pillée par les protestants en 1563. A la Révolution, elle fut vendue comme bien national et on en entreprit sa démolition. N'en demeurent plus que le logis abbatial, des éléments du cloître (18e), la ferme et surtout un édifice gothique comparable à une nef d'église (13e). L'intérieur de ce bâtiment était couvert par des voûtes sur croisées d'ogives, aujourd'hui effondrées. Selon la légende, les domestiques de la ferme voisine ne voulaient pas y coucher, car « ils avaient peur des visions ».

L'abbaye de Barbery. *Photo G. P.*

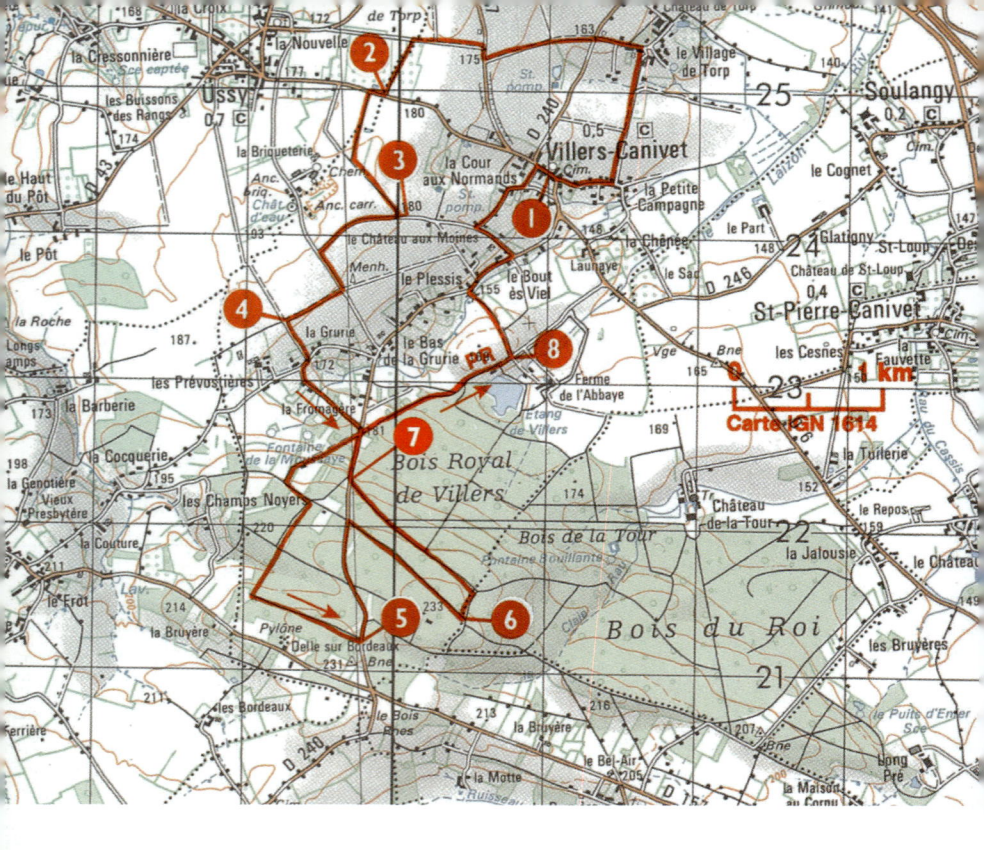

Un champ de bataille

Canivet, commun aux deux communes de Saint-Pierre et Villers, signifierait pour certains « lieu où pousse du chanvre », pour d'autres il désignerait un « un champ de bataille ». On relève, en effet, un lieudit Champ de bataille au nord du menhir de la Grurie.

L'abbaye cistercienne ruinée de Villers, fondée en 1127 par Roger de Montbray, abrita des religieuses de l'ordre de Savigny puis de l'ordre de Cîteaux jusqu'à la Révolution. Il n'en reste plus que la porterie (14e siècle), la grange (16e-17e), les vestiges du cloître (18e) et un étang (visite sur réservation).

A partir du 16e siècle, en Normandie, le logis seigneurial voisine avec la ferme comportant charretterie, pressoir, granges et colombier. Le manoir de Torps (16e-18e) est l'un des mieux conservés.

Abbaye de Villers Canivet.
Collection privée J. L.

Le bois du Roi

Fiche pratique 29

3 h 30 — 14 Km

233 m / 150 m

Traversant le bois du Roi, ce circuit autour de Villers-Canivet permet de rencontrer des exemples d'architecture rurale intéressants.

Situation Villers-Canivet, à 7 km au Nord-Ouest de Falaise par la D 6

Parking salle des fêtes (aire de pique-nique)

Balisage bleu

❶ Traverser le bourg vers Falaise. Passer devant la mairie, emprunter la route en face et traverser le lotissement. Prendre le premier chemin à gauche. Il mène à Torp. Tourner à gauche et aller jusqu'au croisement avec la D 240. Couper la route, prendre le chemin en face. Emprunter à droite une route, s'engager dans le chemin à gauche au travers de pépinières. Suivre un chemin sur la gauche jusqu'à la D 6.

❷ Prendre la D 6 à droite vers Ussy, puis une route à gauche au premier pavillon. Continuer jusqu'au croisement et tourner à gauche jusqu'à l'intersection avec un autre chemin.

❸ Prendre à droite et gagner la route du Haut-de-Villers. L'emprunter à gauche.

Ne pas oublier

▶ Au croisement : restes du menhir de la Grurie.

Partir sur le chemin à droite.

❹ Tourner à gauche et descendre. Suivre la route à droite, puis prendre à gauche vers Les Landets. Passer le lavoir. Au stop, tourner à droite et prendre le chemin sur la droite. Monter, bifurquer à gauche et emprunter le premier chemin à droite sur 750 m. Négliger le premier chemin à droite puis le deuxième à gauche. Descendre, tourner à gauche et rejoindre la D 240.

❺ Emprunter la route à gauche, puis le troisième chemin sur la droite. Le suivre sur 1 km en sous-bois. Arriver près d'un plant de sapins bordé d'un fossé et d'un talus.

❻ Tourner à gauche et suivre sur 200 m un sentier jusqu'à un chemin. Le prendre à gauche. Continuer tout droit jusqu'à la D 240.

❼ Emprunter la route à droite, puis s'engager dans le premier chemin à droite. A l'intersection de plusieurs chemins, continuer tout droit pour rejoindre une voie bitumée.

❽ Utiliser le chemin à gauche pour arriver, après un pont, à la D 240. Tourner à droite, puis à la seconde rue, à gauche. Prendre à droite pour arriver au lavoir près de la salle des fêtes.

À voir

En chemin

■ Villers-Canivet : église 11e-15e-18e (mobilier religieux 17e-18e) ■ Torp : château 16e-18e (ferme-auberge), église ■ ancienne abbaye cistercienne de Villers : vaste étang, porterie 14e, grange 16e-17e, vestiges de cloître 18e (propriété privée ouverte à la visite sur rendez-vous)

Dans la région

■ château de la Motte ■ Soumont-Saint-Quentin : site de la Brèche-au-Diable ■ Aubigny : église (orants) ; château (privé) ■ Falaise : château féodal, églises, musées

89

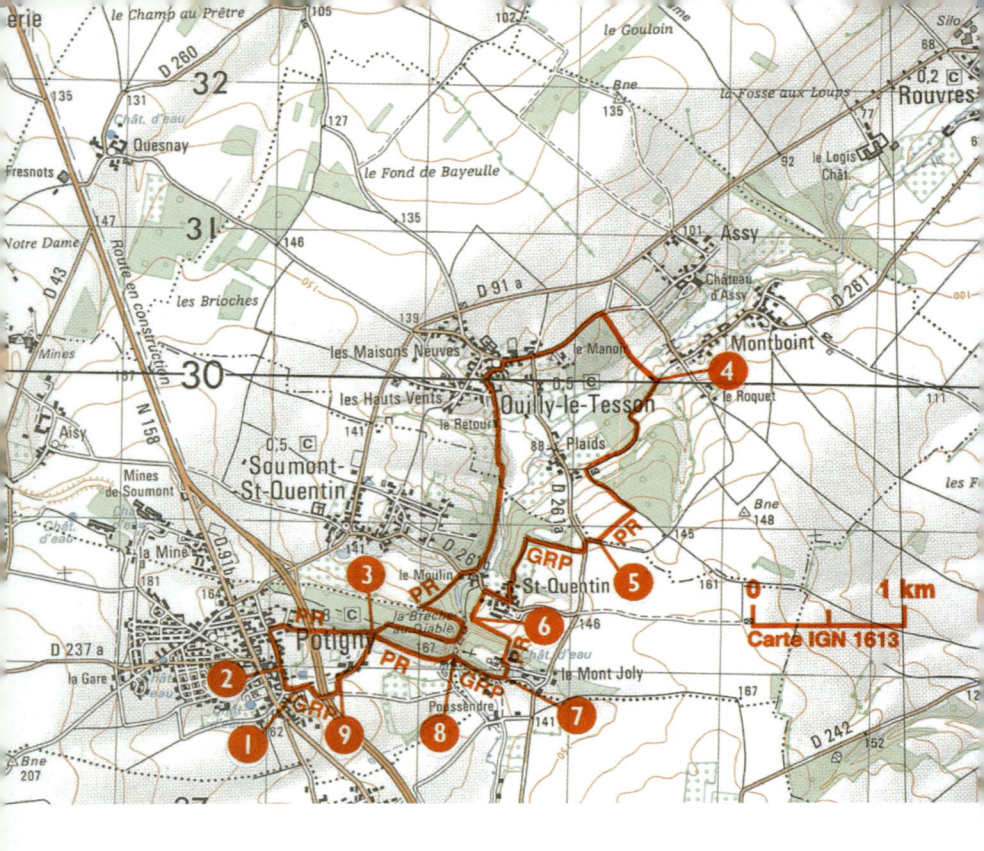

La légende de la Brèche-au-Diable

Pour faciliter l'accès de l'église de Saint-Quentin, entourée d'eau, le Diable propose au saint de fendre le plateau en échange de l'âme de sa fille. Quentin accepte à la condition que le démon blanchisse une toison et remplisse un vase d'eau. Satan ouvre la brèche, libérant les eaux du Laizon. Quand il doit remplir le vase, il découvre que c'est une passoire et on lui tend une peau de bouc satanique ! Il s'enfuit.

De nos jours, au-dessus de cette Brèche-au-Diable, on trouve le tombeau de la comédienne Marie Joly (1761-1798). Celle-ci, de passage à Caen, rencontra et épousa Fouquet-Dulomboy, propriétaire du manoir de Poussendre. Elle fut inhumée au-dessus du ravin du Laizon. Sur le tombeau on lit la douleur de son mari.

La Brèche-au-Diable.
Photo G. P.

La vallée du Laizon

Fiche pratique 30

3 h — 12 Km

167 m / 78 m

Niché au cœur de la plaine, le site accidenté de la Brèche-au-Diable, dans la riante vallée du Laizon, mérite la visite.

❶ Se diriger vers le bourg, tourner à droite et gagner un croisement au niveau de la mairie.

❷ Poursuivre, prendre la rue à droite. Passer sous la route.

❸ Au carrefour, emprunter le chemin à gauche montant sur le plateau. Négliger les sentier à gauche et à droite, continuer à monter. Prendre deux fois à droite. Rejoindre à travers la lande la Brèche-au-Diable. Suivre à gauche la sente longeant le plateau, puis obliquer à gauche, à flanc de coteau. Descendre à droite un sentier. Prendre la D 261b à droite, puis s'engager dans le chemin à gauche. Suivre la vallée jusqu'à l'église d'Ouilly-le-Tesson. Emprunter la D 261, gagner le calvaire. Passer Le Manoir et descendre par le premier chemin de droite qui traverse le Laison.

❹ Après l'abri agricole, prendre le chemin en montée à gauche. Utiliser le chemin à droite. Au bout du chemin, prendre à droite le chemin du Bois de Plaids.

❺ Aller vers la D 261a. La prendre à gauche, puis partir à droite sur le chemin descendant à Saint-Quentin. Suivre la D 261b à droite. Peu avant le pont, quitter la route et prendre un chemin à gauche gagnant la cascade.

▶ Variante *(boucle de 11 km)* : emprunter la passerelle, suivre la vallée du Laizon jusqu'au pont suivant au repère **❽** *(balisage jaune-rouge)*.

❻ Monter à gauche le sentier longeant le bas du plateau. Gravir le sentier à angle aigu à droite. Déboucher à la chapelle Saint-Quentin *(tombeau de Marie Joly)*. Prendre la rue à gauche, puis le sentier descendant à droite.

❼ Suivre le chemin à droite, passer le pont du lavoir.

❽ Monter le chemin à gauche. Obliquer à gauche puis à droite en suivant le ru. Gagner le repère **❸**.

❸ Prendre à gauche, traverser La Hunière.

❾ Passer le pont sur la N 158 et rejoindre l'église.

Situation Potigny, à 25 km au Sud de Caen par la N 158

Parking église de Potigny

Balisage
- ❶ à ❷ jaune-rouge
- ❷ à ❺ jaune
- ❺ à ❻ jaune-rouge
- ❻ à ❼ jaune
- ❼ à ❽ jaune-rouge
- ❽ à ❾ jaune
- ❾ à ❶ jaune-rouge

Ne pas oublier

À voir

En chemin

■ Potigny : église 13e avec un if ■ Ouilly-le-Tesson : ancien manoir 15e-16e ; château d'Assy 18e (par Gondouin), chapelle 16e ■ Soumont-Saint-Quentin : ancien site d'une mine de fer, église de Saint-Quentin 13e, site classé du mont Joly et de la Brèche au Diable, tombeau de Marie Joly 18e ; menhirs des Longrais

Dans la région

■ Falaise : château féodal, églises, musées ■ abbaye de Villers-Canivet

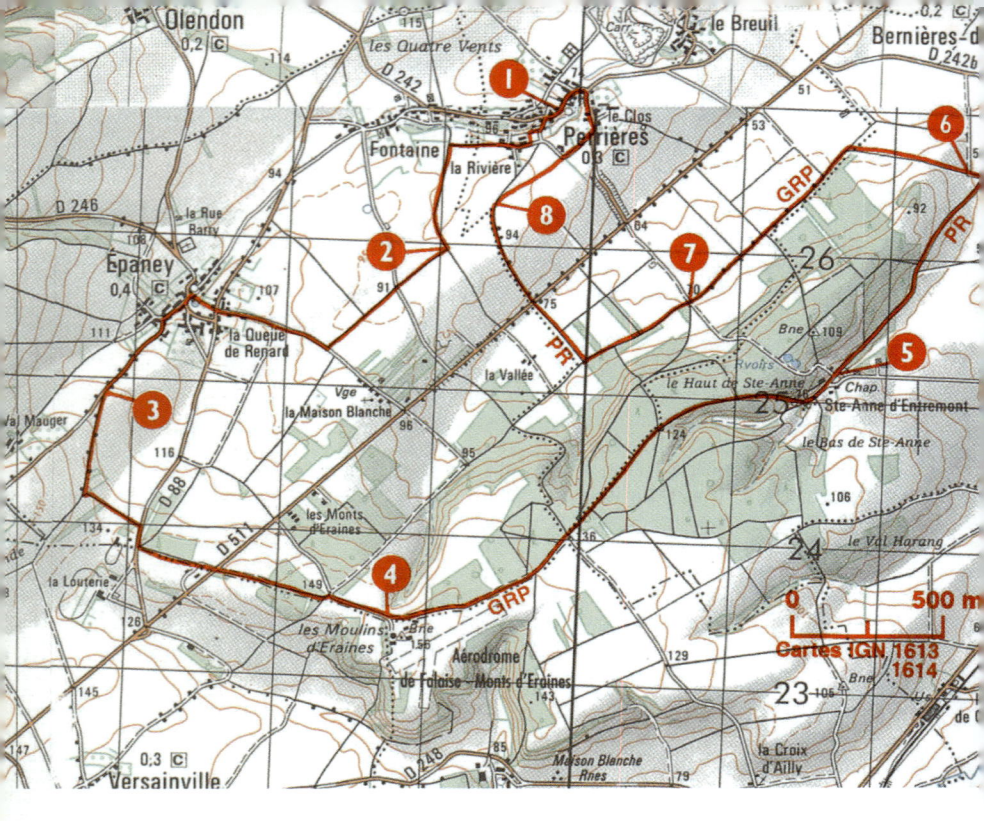

Sainte-Anne-d'Entremont

Située au pied des monts d'Eraines, la chapelle Sainte-Anne-d'Entremont est rattachée à la commune de Bernières-d'Ailly. Elle aurait été bâtie vers 1040 par la comtesse Lesceline.

Au cours d'une chasse, un jeune seigneur fut blessé par un sanglier. La comtesse, accourue au secours du chasseur, invoqua alors sainte Anne et lui promit d'élever une chapelle sur les lieux de l'accident si le blessé était sauvé. Miraculeusement, le mourant revint à la vie, on édifia la chapelle et on y institua un pèlerinage. Celui-ci fut relancé en 1804 par Amédée de Corday, oncle de la célèbre Charlotte du même nom. On vénérera par la suite à cet endroit un fragment de rocher prélevé à Jérusalem en 1856, support présumé de la maison des parents de la Vierge.

Chapelle Sainte-Anne *Photo G. P.*

Les monts d'Eraines

Fiche pratique 31

4 h 45
19 Km
152 m
53 m

Des monts d'Eraines, on domine la plaine de Falaise aux larges horizons.

❶ De l'église, passer devant la mairie et tourner à gauche avant l'auberge. Prendre la première rue à droite, puis descendre un étroit sentier à gauche. Passer la rivière et rejoindre une autre rue. La prendre à droite et continuer sur le chemin tout droit. Au carrefour en T, tourner à gauche et rejoindre un croisement de chemins.

❷ Prendre à droite, couper une route. Suivre la seconde route à droite et rejoindre Epaney. Emprunter l'étroite sente face à la route et gagner la mare. Prendre à gauche la D 247 sur 700 m vers Saint-Pierre-Canivet.

❸ S'engager dans le chemin creux à gauche, bifurquer à gauche. Suivre à droite la D 88 sur 150 m, puis tourner à gauche au chemin longeant le bois. Couper la D 511 *(prudence)* et monter vers les monts d'Eraines. Prendre la route à droite jusqu'à l'aérodrome *(aire de pique-nique)*.

❹ Emprunter le chemin rectiligne à gauche sur 3,5 km. A la chapelle Sainte-Anne-d'Entremont, prendre à gauche.

❺ Négliger la voie montant à gauche et traversant les monts d'Eraines. Suivre la route à flanc de coteau *(vue à droite sur la vallée de la Dives et le Pays d'Auge)*. Avant le pont, tourner à gauche et aller tout droit.

❻ Contourner les monts au bas de la pente en empruntant à gauche sur 1,5 km l'ancienne voie de Falaise à Saint-Pierre-sur-Dives jusqu'à un croisement de chemins.

❼ Poursuivre tout droit sur 800 m, tourner à droite, couper la D 511 *(prudence)* et remonter en face.

❽ A un carrefour, emprunter le premier chemin à droite et rejoindre, dans un tournant, une petite route à La Vigne. Rejoindre tout droit la D 242a. Prendre à gauche.

▶ Après la ferme, possibilité d'aller voir à gauche la grange dîmière du 12e siècle *(250 m aller-retour)*.

Descendre la rue, tourner à gauche sur la D 242b et regagner le point de départ.

Situation Perrières, à 12 km au Nord-Est de Falaise par les D 511 et D 242a

Parking place de l'Eglise

Balisage

❶ à ❹ jaune
❹ à ❺ jaune-rouge
❺ à ❻ jaune
❻ à ❼ jaune-rouge
❼ à ❶ jaune

Ne pas oublier

À voir

En chemin

■ Perrières : porte du prieuré 13e, logis 16e, grange aux dîmes 12e, église 11e-14e-19e (modillons romans)
■ Epaney : maisons 16e-18e, ancien manoir et château du Logis, église 15e-18e-19e, croix de cimetière

Dans la région

■ Falaise : château féodal, églises, musées ■ château de Vendeuvre ■ Saint-Pierre-sur-Dives : abbaye, musée, halles

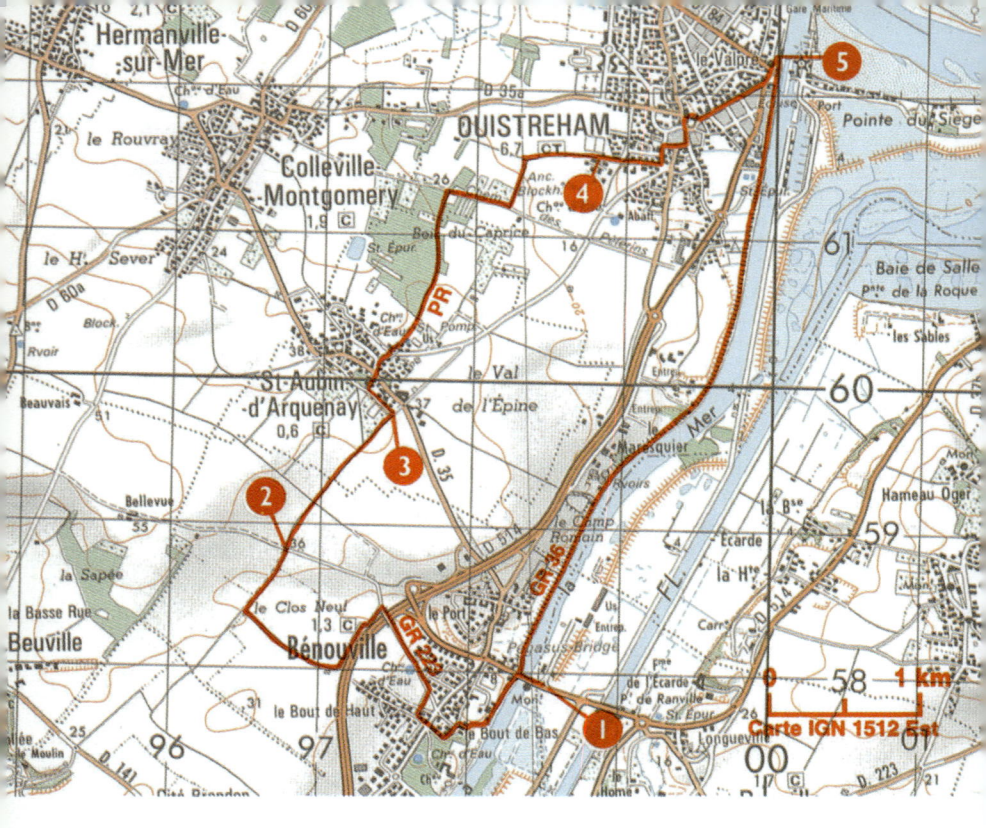

Pegasus Bridge

Le pont Pegasus Bridge à Bénouville est un haut lieu du Débarquement. Le 6 juin 1944, à 0 h 20, les Gondrée, cafetiers près du pont, sont réveillés par un bruit : les planeurs alliés atterrissent dans les champs voisins. Bénouville est devenue la « première commune libérée de France ».
A deux pas, s'élève le château néoclassique de Bénouville (1768-1777) édifié par Ledoux, admirateur des temples grecs. Aujourd'hui, ce château appartient au département.
Ouistreham-Riva-Bella forment un centre balnéaire et portuaire très animé. Le nom d'Ouistreham est d'origine celtique « le village à l'ouest ». Son clocher du 12e siècle

Le pont Pegasus Bridge. *Photo G. P.*

servit longtemps de phare et de tour de guet. En 1837 un crédit fut accordé pour le percement du canal reliant Caen à la mer, inauguré en 1857.

Du canal à la mer

Fiche pratique 32

4 h 45 – 19 Km

Le canal de Caen relie d'un trait la capitale bas-normande à la mer. Objectif stratégique, le pont levant de Bénouville est entré dans l'histoire sous le nom de *Pegasus Bridge* en juin 1944.

❶ Du parking, franchir le pont de Pegasus Bridge. Suivre à gauche l'ancien chemin de halage vers Caen. Emprunter la passerelle à droite et gagner une rue. Tourner à gauche, passer devant l'entrée du château de Bénouville *(visite possible)*. Couper la rue principale et utiliser la voie en face. Tourner à la rue à droite. Après le château d'eau, franchir la route à quatre voies. Obliquer à gauche pour suivre un chemin entre deux haies. Au croisement, tourner à droite et gagner un carrefour de chemins.

❷ Aller tout droit.

❸ En arrivant à Saint-Aubin-d'Arquenay, tourner à gauche vers la rue du Chat-Qui-Veille, puis prendre à droite. Couper la D 35 et suivre en face la rue de la Mare vers le centre de loisirs. Utiliser en face vers la gauche le chemin entrant dans le bois du Caprice. Au sortir du bois, emprunter à droite le chemin des Pèlerins. Le quitter, obliquer à gauche et parvenir au stade du Petit-Bonheur à l'entrée de Ouistreham.

▶ *Attention ! le circuit en ville n'est pas balisé.*

❹ Traverser le boulevard au niveau des feux, continuer en face par la rue du Petit-Bonheur. Suivre à gauche la rue du Tour-de-Ville puis à droite la rue Traversière. Tourner à gauche dans la Grande-Rue, puis rejoindre le parvis de l'église Saint-Samson. Passer entre l'église et la Grange aux Dîmes, descendre l'escalier aboutissant à l'avenue Michel-Cabieu. La suivre à gauche pour arriver aux écluses du canal de Caen à la mer.

▶ *Variante : franchir les écluses par le passage piétons, passer près du phare (visite possible en saison) et gagner l'école de voile à gauche. Effectuer le tour de la Pointe du Siège (pancartes), puis repasser les écluses (balisage jaune).*

❺ Longer la rive gauche du canal vers Caen en suivant d'abord la route, puis le chemin de halage, pour revenir au départ.

Situation Bénouville, à 9 km au Nord de Caen par la D 515

Parking pont de Pegasus Bridge (rive droite du canal)

Balisage
❶ à ❷ blanc-rouge
❷ à ❺ jaune
❺ à ❶ blanc-rouge

À voir

En chemin

■ Bénouville : pont de Pegasus Bridge, monuments du 6 Juin 1944, site (son et lumière l'été), musée ; château 18e de Ledoux (ouvert à la visite) ; chapelle, parc ■ Saint-Aubin-d'Arquenay : église 17e ■ Ouistreham : église Saint-Samson 12e-13e, Grange aux Dîmes, port ; canal de Caen à la mer ; phare (ouvert à la visite)

Dans la région

■ Caen : ville d'art et d'histoire ■ sites et plages du Débarquement ■ Douvres-la-Délivrande : basilique (pèlerinage) ■ Sallenelles : maison de la Nature et de l'Estuaire de l'Orne

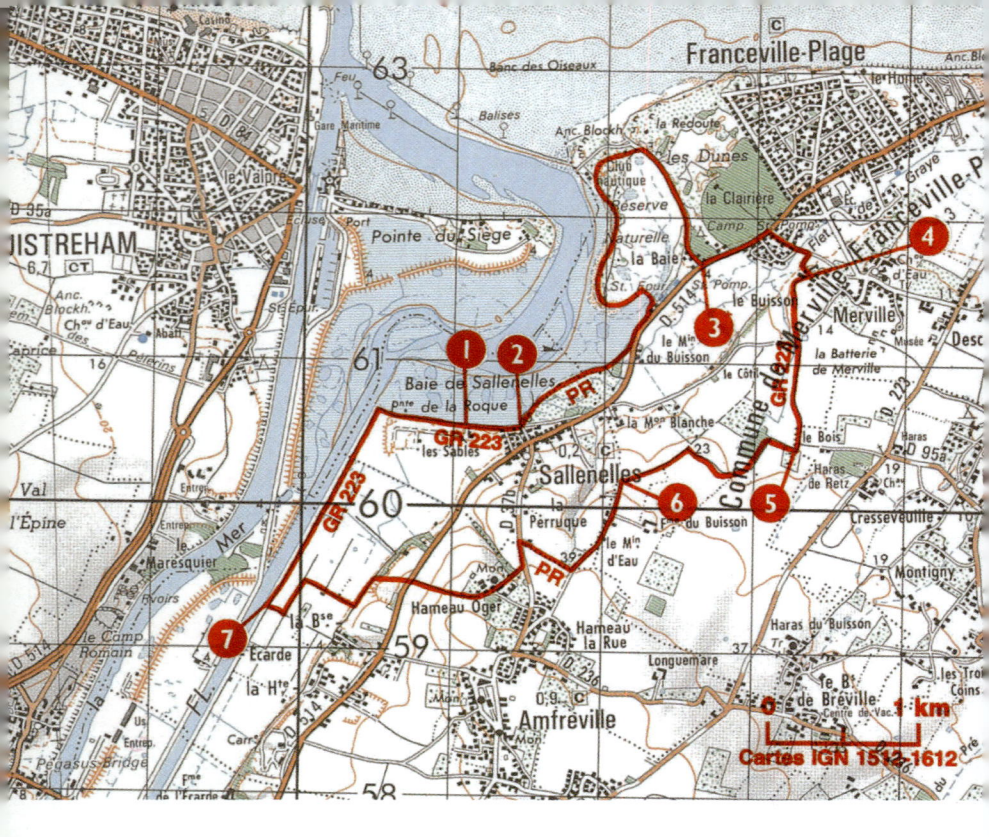

La baie de l'Orne

Il y a 20 000 ans, l'Orne et la Dives sont des affluents de la Seine, qui se jette au milieu de l'actuelle Manche. Des milliers d'années après, la mer, en se retirant, crée les marais littoraux.

L'estuaire de l'Orne est un milieu original où se rencontrent les eaux marines et fluviales. Le pré salé (*schorre*) est un espace à la végétation rase coupé de marigots. A la limite du pré salé et de la vasière, la spartine constitue une plante pionnière : ses touffes retiennent la vase. La vasière (*slikke*), soumise au rythme des marées, abrite une microfaune attirant les oiseaux migrateurs.

En aval, la réserve ornithologique du Gros-Banc abrite une riche faune avicole. A la maison de la Nature et de l'Estuaire, on trouve les informations utiles à la découverte de ce milieu.

Huîtriers pies. *Dessin P. R.*

L'estuaire de l'Orne

Fiche pratique 33

3 h 15 — 13 Km

Du site protégé au niveau européen de la baie de l'Orne, élevez-vous sur les premières marches du pays d'Auge, à la découverte d'une vue panoramique sur l'estuaire.

Situation Sallenelles, à 15 km au Nord de Caen par les D515 et D514

Parking maison de la Nature et de l'Estuaire

Balisage

- ❶ à ❷ blanc-rouge
- ❷ à ❹ jaune
- ❹ à ❻ blanc-rouge
- ❻ à ❼ jaune
- ❼ à ❶ blanc-rouge

Ne pas oublier

❶ Prendre le boulevard Maritime vers l'Est jusqu'à l'entrée de Sallenelles.

❷ Emprunter à gauche le chemin au travers des prés salés vers l'estuaire. Partir au Nord-Est en longeant le rivage de la baie *(éviter les roselières et les vasières)*. Rester parallèle à la D 514, puis tourner à gauche avant la station d'épuration pour rejoindre le sentier du Tour du Gros-Banc. L'emprunter à gauche, cheminer au milieu des fourrés. Gagner un parking *(dans les dunes : fort de la Redoute)*. Suivre le chemin longeant la route à droite puis utiliser cette route *(en côtoyant le Gros-Banc, possibilité d'accéder à la tour d'observation)* pour rejoindre la D 514.

❸ La suivre à gauche *(prudence)* en direction de Merville-Franceville. Emprunter à droite la rue de la Hogue-du-Moulin. Traverser la cité pavillonnaire, puis prendre à droite la rue du Buisson.

❹ Prendre le premier chemin à droite. Couper une petite route et continuer sur le chemin en face.

❺ A l'intersection, tourner à droite dans le chemin. Au croisement de chemins, tourner à gauche et rejoindre une route dans un virage.

❻ La suivre à gauche vers Amfreville et prendre le chemin à droite pour rejoindre la D 37b. Aller à gauche puis emprunter la rue à droite jusqu'à Hameau-Oger. Place Colonel-Dawson, utiliser à droite le chemin (rue Patra).

▶ Table d'orientation sur l'estuaire.

Couper la D 514, puis descendre en face le sentier. Plus bas, suivre à gauche le chemin. Tourner à droite, à gauche, puis à droite pour rejoindre les berges de l'Orne canalisée.

❼ Longer à droite la rivière jusqu'à la pointe de la Roque. Obliquer à droite et rejoindre la maison de la Nature et de l'Estuaire de l'Orne.

À voir

En chemin

■ **Sallenelles** : maison de la Nature et de l'Estuaire de l'Orne (expositions et animations autour de la rivière) ■ **Merville** : église (nef romane, chœur gothique), vestiges du château (tour), batterie allemande (musée), réserve ornithologique du Gros-Banc

Dans la région

■ **Caen** : ville d'art et d'histoire ■ **Bénouville** : pont Pegasus Bridge, souvenirs du Débarquement

97

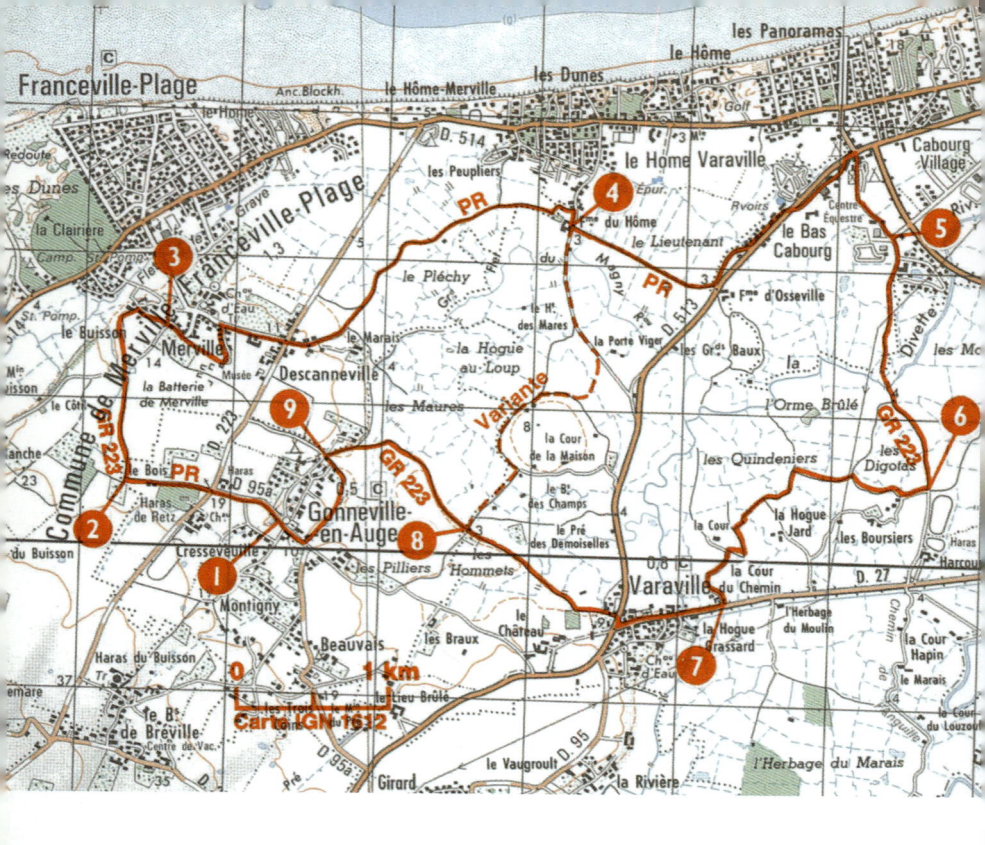

La Petite Hollande

Au fil du temps, un cordon dunaire a fermé la zone de marais entre l'Orne et la Dives ; le golfe marin s'est trouvé ainsi remblayé : on appelle ce secteur la Petite Hollande. Un réseau de canaux assure le drainage des eaux. C'est grâce au phénomène de la marée montante que Guillaume de Normandie remporta la bataille de Varaville sur le roi de France Henri Ier, en 1050. On voit une stèle commémorative près de la Chaussée de Varaville, l'actuelle D 27.

La batterie de Merville fut construite par les Allemands au cours de la Seconde Guerre mondiale. Elle avait le même rôle que la redoute de Vauban construite vers 1770 au milieu des dunes de Franceville : garder l'entrée de l'Orne. Le Conservatoire du littoral a acheté ce site et un musée y est aménagé.

Héron cendré. *Dessin G. P.*

Entre Orne et Dives

Fiche pratique 34

4 h 30 — 18 Km

Entre les estuaires de l'Orne et de la Dives, les marais gagnés sur la mer forment des paysages non dénués de charme. Ils recèlent un milieu grouillant de vie et une végétation typique des secteurs humides.

❶ Suivre la D 95a vers l'Ouest. Couper la D 223. Poursuivre en face. Rejoindre un carrefour de chemins.

❷ Prendre le chemin à droite, couper une route. Plus loin, suivre la route à droite.

❸ Continuer la route. Au tournant, poursuivre sur un chemin en face. Rejoindre une route *(batterie de Merville à droite)*. Tourner à gauche, puis prendre la route à droite. Au carrefour avec la D 223, à Descanneville, prendre en face le chemin du Marais. Atteindre la route et rejoindre la ferme du Hôme à droite.

▶ Variante : poursuivre au Sud sur la route. Avant la D 513, prendre le deuxième sentier à droite, tourner à droite, suivre une sente au bord de l'eau. Partir à droite, rejoindre un carrefour au repère ❽ *(balisage jaune)*.

❹ Prendre à gauche la chaussée face à la ferme. Rejoindre la D 513 *(prudence)*, longer à gauche l'ancienne route, puis la D 513. La couper et suivre l'ancienne route en face. Au carrefour, tourner à droite, passer devant le karting.

❺ Continuer sur la route en face, utiliser la passerelle sur la Divette et poursuivre sur le chemin principal jusqu'à un croisement *(accès à la stèle de la bataille de Varaville : aller tout droit ; 1 km aller-retour)*.

❻ Tourner deux fois à droite. Négliger un chemin à droite, un à gauche, un à droite, puis un à gauche menant vers La Hogue-Jard. Ne pas prendre les deux chemins allant à droite et se diriger vers la ferme de La Cour-du-Chemin.

❼ Suivre la D 27 à droite *(prudence)*. Traverser Varaville. Au carrefour avec la D 513, aller à droite. Au passage piétons, traverser et s'engager dans un chemin vers une ferme. La longer et gagner un carrefour de chemins.

❽ Aller en face et rejoindre une route à l'entrée de Gonneville.

❾ Prendre le chemin à gauche contournant le village. Suivre la D 95a à droite et revenir à l'église de Gonneville.

Situation Gonneville-en-Auge, à 22 km au Nord-Est de Caen par les D 223 et D 95a

Parking église

Balisage
- ❶ à ❷ bleu-jaune
- ❷ à ❸ blanc-rouge
- ❸ à ❹ bleu-jaune
- ❹ à ❺ jaune
- ❺ à ❾ blanc-rouge
- ❾ à ❶ bleu-jaune

Ne pas oublier

À voir

En chemin

■ Merville-Franceville-Plage : batterie allemande de Merville (musée), église de Merville (nef romane, chœur gothique), tour vestige du château ; stèle de la bataille de Varaville (1050)

Dans la région

■ Caen : ville d'art et d'histoire ■ Bénouville : pont Pegasus Bridge, souvenirs du Débarquement ■ Cabourg : promenade Marcel-Proust

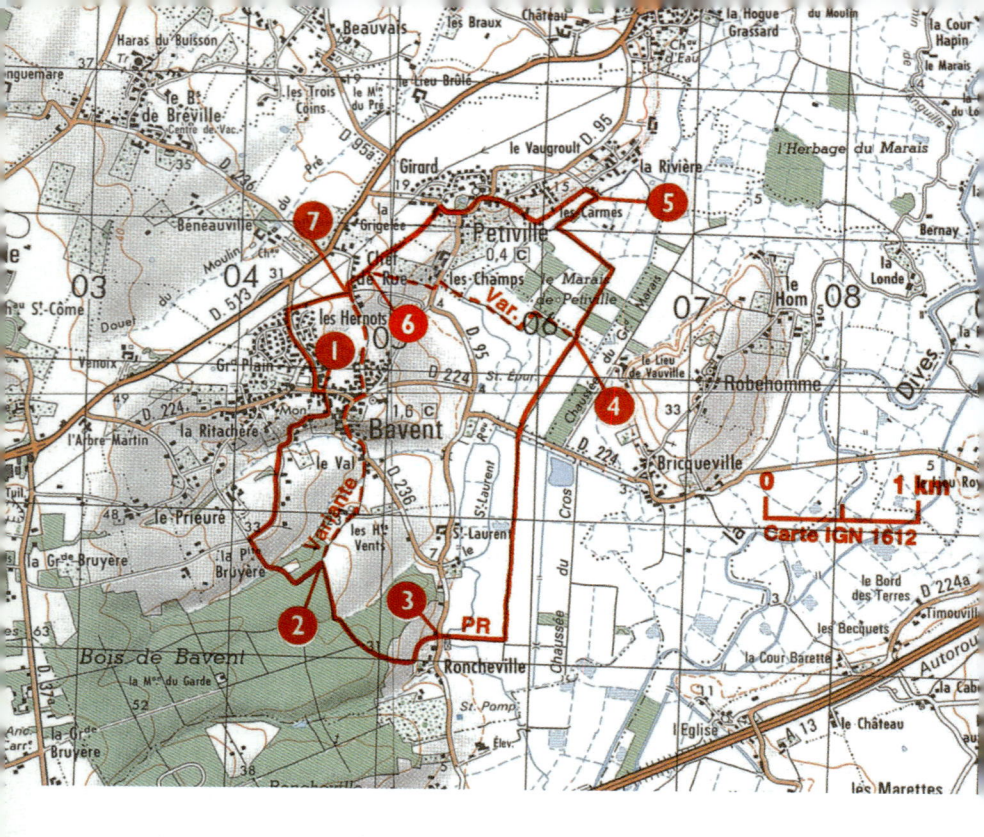

Les oiseaux du marais

Les marais de Bavent et de Petiville, gagnés sur la mer, sont tournés vers l'élevage et offrent différents milieux propices aux oiseaux. L'habitat leur est favorable avec les friches présentes sur les pentes de l'ex-île de Robehomme.
Le Grand Marais aux chemins d'exploitation en damier dispose d'un réseau dense de fossés de drainage datant du premier Empire. Cette densité explique la présence de nombreux passereaux friands d'insectes. Ces marais, zone d'hivernage pour le héron cendré, abritent aussi le hibou des marais et la chouette effraie ; la poule d'eau y est fréquente. La présence des canaux expliquent l'abondance des petits mammifères, proies des rapaces.
Enfin, il n'est pas rare d'y observer des cigognes.

Hibou des marais. *Dessin G. P.*

Entre bois et marais

Fiche pratique 35

3 h — 10 Km

Les prairies, les bois et les marais des communes de Bavent et Petiville recèlent une faune riche et variée.

Situation Bavent et Petiville, à 15 km au Nord-Est de Caen par les D 513 et D 224

Parking mairie de Bavent

Balisage jaune

Pommier. Dessin N. L.

❶ Emprunter la rue face au lavoir, négliger la venelle plus bas à gauche et continuer jusqu'à un carrefour. Prendre à gauche un chemin entrant dans le bois, remonter la côte à gauche, poursuivre jusqu'à une intersection.

▶ **Variante des Hauts-Vents** *(balisage jaune-bleu)* : prendre à gauche, passer Les Hauts-Vents et dévaler le sentier à gauche jusqu'au Val sur la D 236 ; la suivre à gauche et monter à l'église. Prendre à droite la D 224 et, à gauche, la rue Le Villy devenant plus loin chemin ; rejoindre le repère ❼.

❷ S'engager à droite dans le chemin descendant. Tourner à gauche et rejoindre la D 95 à Roncheville.

❸ Traverser la route et emprunter le chemin du marais en face. Tourner à gauche et poursuivre sur la chaussée du Grand-Marais tout droit. Couper la D 224 et continuer en face jusqu'à un tournant.

▶ **Variante des Marais** *(balisage jaune-bleu)* : aller à gauche jusqu'au hameau Chef-de-Rue, au repère ❻.

❹ Franchir la passerelle et aller tout droit sur 900 m. Emprunter le second chemin à gauche sur 750 m, puis le chemin à droite le long du ruisseau jusqu'à un pont.

❺ Passer le pont et s'engager dans le premier chemin à gauche. Au bout, monter la rue à droite jusqu'à l'église de Petiville. Suivre la D 95a à gauche. Passer la mairie. Au carrefour, continuer sur la D 95a et, dans le virage, s'engager dans un chemin à gauche.

❻ Continuer tout droit et, au chemin suivant, aller à gauche sur quelques mètres.

❼ Prendre à droite pour rejoindre la D 236. La suivre à gauche pour revenir au départ.

À voir

En chemin
■ Bavent : église (Vierge à l'Enfant en pierre 19e), bois, marais ■ Petiville : église en partie 18e (mobilier 18e)

Dans la région
■ Caen : ville d'art et d'histoire ■ Cabourg : plage, promenade Marcel-Proust ■ Dives-sur-Mer : port d'où Guillaume le Conquérant partit vers l'Angleterre en 1066, église, halles ■ Troarn : vestiges d'une abbaye

Les marais de la Dives

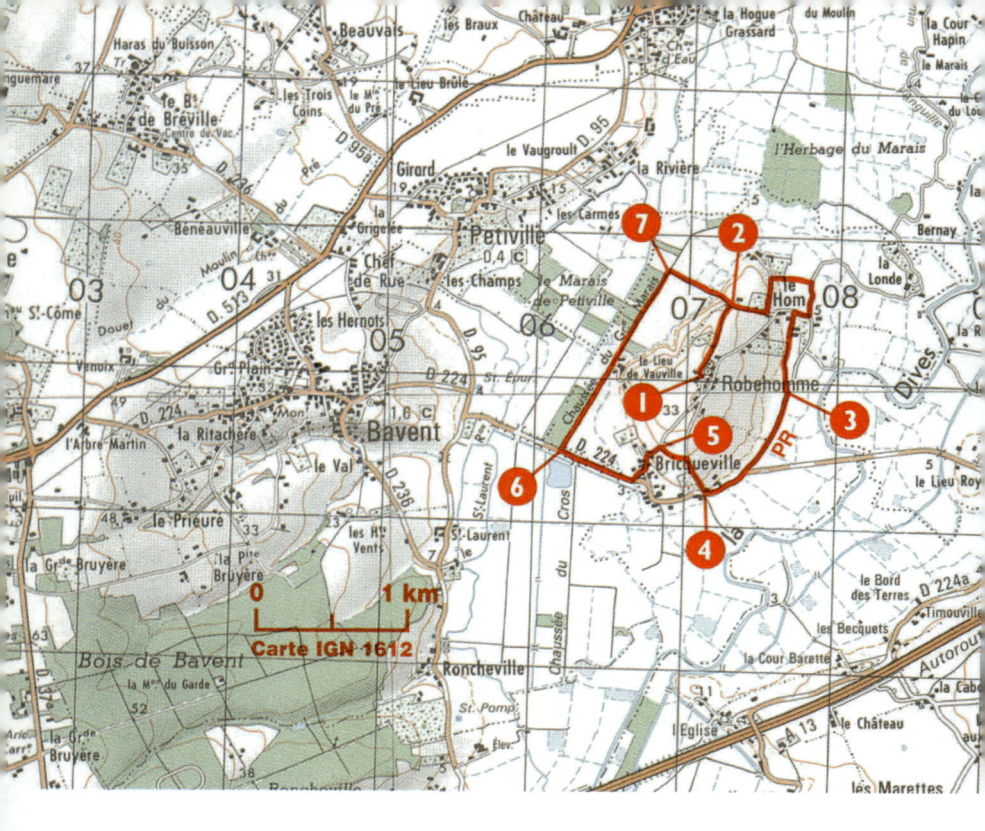

Les marais de la Dives (+ de 7 000 hectares), situés sous le niveau de la mer, sont le résultat de 700 ans de travail des moines bénédictins de l'abbaye Saint-Martin. Après avoir défriché la partie de la forêt de Troarn entre Argences et la Mer, ces derniers assèchèrent les marais. Ils creusèrent un réseau complexe de rivières et de canaux et endiguèrent la Dives, fertilisèrent les terres et ouvrirent des chemins et des ponts afin de parcourir les marais.

Des pêcheries et des élevages de cygnes appelés « garennes » ainsi que des moulins y furent installés.

Dès le 18e siècle, les marchands herbagers y engraissèrent leurs bovins et ovins avant de les vendre sur les marchés locaux et parisiens

A la fin du 20e siècle, ces activités demeurèrent mais furent moins florissantes qu'auparavant, à l'exception de l'élevage de chevaux.

Passerelle sur la Divette.
Photo G.P.

L'île au milieu des marais

Fiche pratique 36

Grenouille verte. Dessin P.R.

2 h — 6 Km

33m / 3m

Situation Robehomme, à 13 km au Nord-Est de Caen par les D 513 et D 224

Parking de l'église de Robehomme

Balisage
❶ à ❷ aucun
❷ à ❷ jaune

Ne pas oublier

À voir

En chemin
■ église de Robehomme
■ panorama sur le marais

Dans la région
■ Bavent : église (Vierge à l'Enfant en pierre 19e), bois, marais ■ Petiville : église en partie 18e (mobilier 18e) ■ Caen : ville d'art et d'histoire ■ Cabourg : plage, promenade Marcel-Proust ■ Dives-sur-Mer : port d'où Guillaume le Conquérant partit vers l'Angleterre en 1066, église, halles ■ Troarn : vestiges d'une abbaye

---

Situé sur une petite butte isolée de 33 m d'altitude, l'ancienne île de Robehomme, ce circuit vous offre une vue panoramique sur les marais de la Dives.

❶ Du parking de l'église, prendre le chemin Faudy.

❷ Aux premiers jalons jaunes, tourner à droite, puis à gauche. Avant une ferme, prendre à droite un chemin de marais qui débouche sur le chemin de l'Anguille que l'on emprunte à droite. A l'intersection suivante, tourner à droite, puis à gauche le long de la ferme du Hom.

❸ Le chemin conduit au chemin de Bas et celui-ci à la D 224, au hameau de Briqueville.

❹ S'engager à droite dans le chemin de la Vielle-Cavée monte vers l'église. En haut de la côte, tourner à gauche par un chemin en panorama sur le marais.

❺ Au calvaire, descendre la petite route et suivre la D 224 vers Bavent.

❻ Emprunter à droite la Chausse du Grand Marais.

❼ Après la propriété, prendre le chemin de droite. Il monte sur la butte de Robehomme, par la côte Blandine. Au sommet, retrouver le chemin du Faudy qui ramène au parking de l'église.

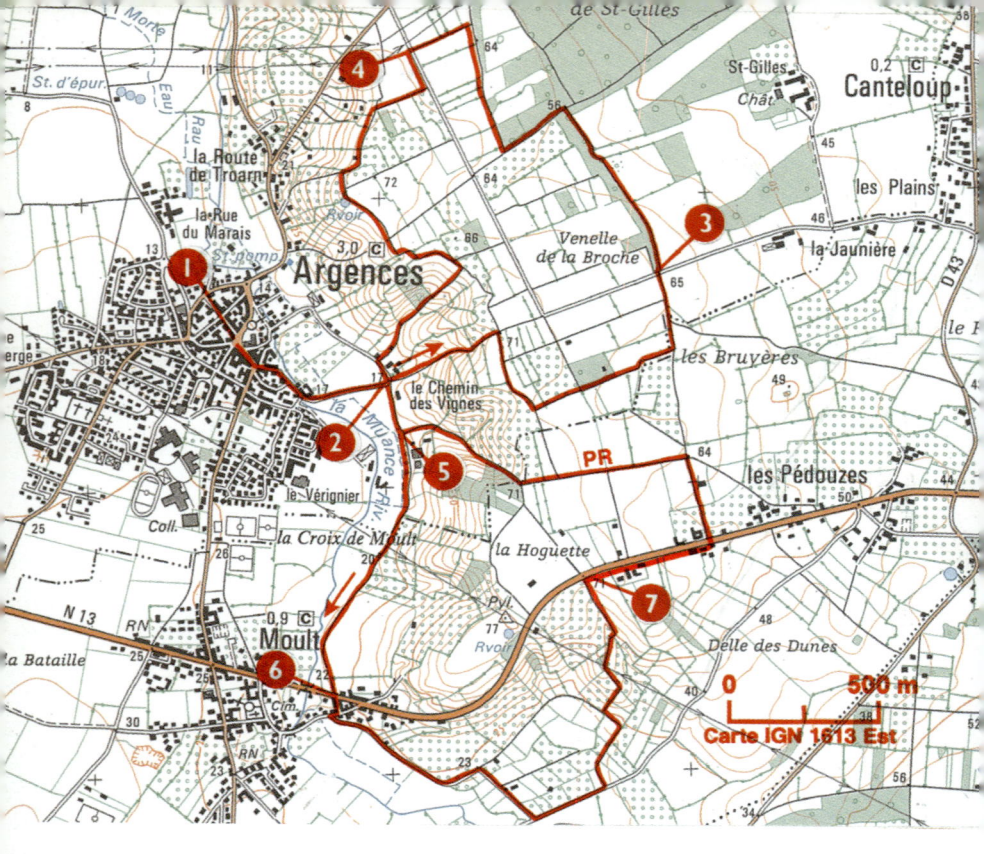

Le vin Huet

Argences est né d'un gué sur la Muance. En 990, le duc normand Richard Ier donna cette terre à l'abbaye de Fécamp. Les productions étaient variées : les « bleds » dans la plaine, l'élevage dans les bas champs et les bruyères, le bois puis les vignes sur les collines. Six moulins sur la Muance, une grande halle et des métiers fixèrent un bourg actif en deux paroisses. On parlait du Vin Huet d'Argences : on raconte que lorsque Henri IV vint à Caen en 1603, on lui offrit du vin d'Argences, mais à peine en eût-il goûté qu'il fit une grimace fort expressive en répétant huet, huet !…

Jusqu'au 18e siècle, la vigne occupait les coteaux, la dernière vendange eut lieu en 1854. Après la destruction de juillet-août 1944, le bourg fut reconstruit.

Champ de coquelicots.
Photo O. H.

Les chemins d'Argences

Fiche pratique **37**

3 h — 11 Km

Situation Argences, à 17 km à l'Est de Caen par les N 13 et D 41

Parking mairie

Balisage jaune

Entre le marais d'Oursin, l'avant-côte du pays d'Auge et la plaine de Caen, Argences a su trouver l'harmonie d'une petite ville située à la campagne.

Geai des chênes. *Dessin P. R.*

❶ Passer derrière la mairie. Après le pont, suivre à droite la sente le long de la Muance. Se diriger vers la colline. Gagner un croisement au pied du coteau.

❷ Monter la rude côte Sainte-Catherine en face et déboucher sur un terre-plein. Suivre à droite le chemin de crête. Emprunter la sente à gauche aboutissant à un autre chemin. Le suivre à gauche jusqu'à la route.

❸ Couper la route et poursuivre sur le chemin presque en face. Tourner à gauche puis à droite. Emprunter le premier chemin à gauche gagnant une route.

❹ Suivre la route à gauche et utiliser le chemin à droite. Aller à gauche en suivant la crête vers la gauche. Passer un réservoir et rejoindre un carrefour. Continuer en face et descendre le chemin à droite. En bas du coteau, aller à gauche jusqu'au carrefour du repère ❷.

❷ Continuer en face sur le chemin restant au pied du coteau.

❺ Poursuivre. Atteindre la N 13.

❻ Couper la route *(prudence)*. Emprunter la ruelle en face, tourner à droite puis à gauche. Suivre la route. A l'intersection, partir à gauche, puis monter le chemin à gauche qui rejoint la N 13.

❼ Longer la route à droite *(prudence)* et la traverser pour suivre le chemin à gauche. Plus loin, prendre le chemin à gauche et descendre la côte.

❺ Suivre le bas du coteau à droite, gagner le repère ❷, puis Argences.

À voir

En chemin

■ Argences : église reconstruite après 1944, château du Fresne 17e
■ Moult : lavoir ancien, église (chœur roman, mobilier 18e)

Dans la région

■ Caen : ville d'art et d'histoire ■ Troarn : ancienne abbaye
■ Mézidon-Canon : château
■ Victot-Pontfol : château
■ Crévecœur-en-Auge : château féodal (musée)
■ Beuvron-en-Auge : maisons à pans de bois, manoirs, halles, église
■ Clermont-en-Auge : chapelle (panorama)

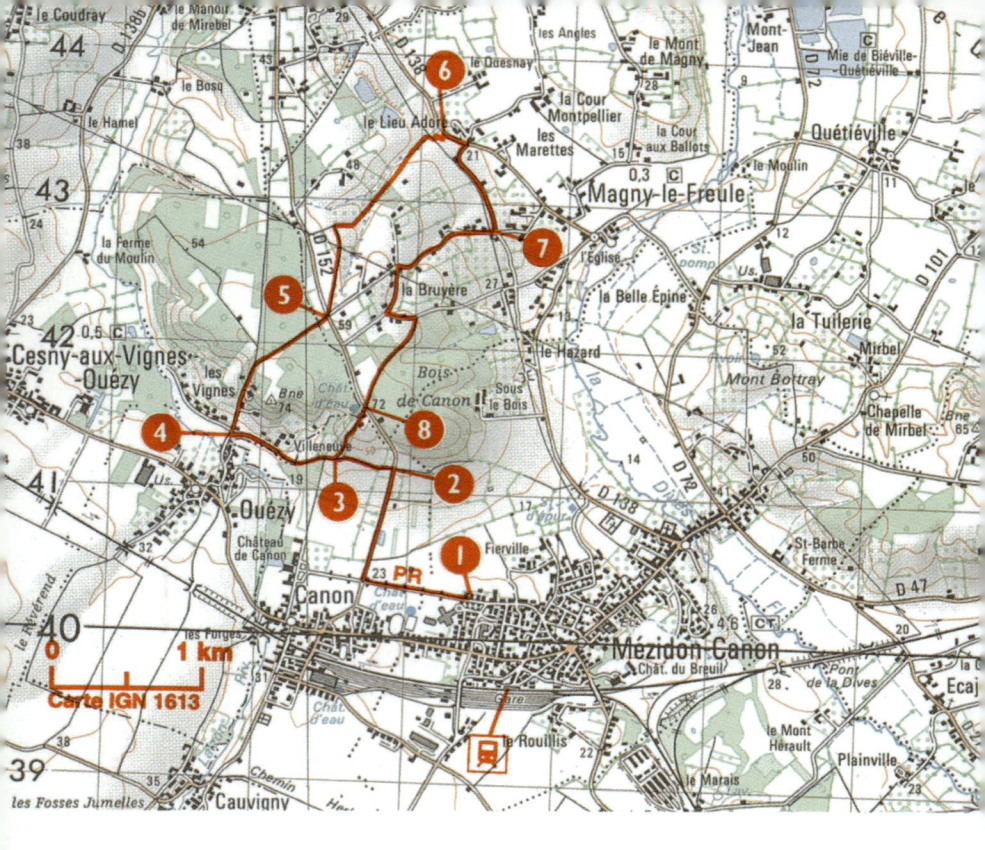

Les « chartreuses » du château de Canon

Le créateur de la « Fête des bonnes gens » (1775) qui récompensait, après élection, le bon vieillard, la bonne fille, le bon chef de famille et la bonne mère était Elie de Beaumont (1732-86), avocat au Parlement de Paris. Il devait sa célébrité à deux causes judiciaires célèbres : la réhabilitation de la mémoire de Calas (1765) et de celle de Sirven (1771). Son petit-fils, Léonce Elie de Beaumont (1798-1874), est considéré comme le père des études géologiques en France.

Le château de Canon, demeure (18e) des Beaumont, a retrouvé sa splendeur passée. Les jardins méritent une visite, avec leurs bustes, leurs statues, ses fabriques dont un pavillon chinois et le temple de « La pleureuse », et surtout les « Chartreuses », vergers clos inondés de fleurs en été.

Château de Canon. Photo O. H.

La butte de Canon

Fiche pratique 38

3 h — 11 Km

Situation Mézidon-Canon, à 28 km au Sud-Est de Caen par les N13 et D47

Parking collège Boris-Vian (rue Edouard-Vaillant)

Balisage jaune

On trouvait autrefois des vignobles sur les paroisses de Canon-aux-Vignes et de Cesny-aux-Vignes, sur les pentes du pays d'Auge. Buvait-on de ces vins lors de la « fête des Bonnes Gens » ?

❶ Du parking du collège Boris-Vian, rue Edouard-Vaillant, prendre l'avenue du château de Canon jusqu'à l'intersection avec la D 152. La suivre à droite sur 900 m.

❷ Tourner à gauche pour emprunter le chemin de l'Enfer.

❸ Ignorer le sentier montant à droite et rejoindre tout droit une petite route aboutissant à une autre route à proximité des Vignes.

❹ Tourner à droite et monter la route suivant une ancienne voie romaine *(remarquer le contraste entre le prépays d'Auge et la plaine de Caen).* Près du sommet de la côte, quitter la route en empruntant à droite un chemin dans le bois jusqu'à la D 152.

❺ Du carrefour, s'engager en face, en oblique, sur une sente en lisière des champs sur 600 m. Tourner à droite et descendre un sentier encaissé. Passer sous le pont de l'ancienne voie ferrée Mézidon-Dives *(ouverte en 1878 sur 28 km)* et rejoindre la D 138 au Lieu-Adoré.

❻ Suivre la route à droite sur 100 m. Emprunter la première route à droite sur 600 m jusqu'au carrefour suivant, en parallèle avec l'ancien tracé de la ligne de chemin de fer.

❼ A hauteur de l'ancien passage à niveau, partir à droite sur 700 m, puis aller à gauche sur 300 m. Se diriger à gauche sur 200 m, puis quitter la route en prenant le premier chemin à droite. Il conduit, à travers les bois de Canon, à la D 152, près d'un château d'eau.

❽ Couper la route et dévaler en face le chemin *(vues sur Mézidon et les collines du pays d'Auge).* Arriver à une intersection en contrebas.

❾ Reprendre à gauche l'itinéraire aller et revenir au point de départ.

Narcisse des poètes. Dessin N. L.

À voir

En chemin

■ Mézidon-Canon : église de Canon 12e-13e (dalle funéraire du Premier bon vieillard couronné), château de Canon 18e (jardins)

Dans la région

■ Ouézy : église 12e (portail avec personnage couché et modillons) ■ Saint-Pierre-sur-Dives : abbaye, musée, halles ■ Crèvecœur-en-Auge : château féodal (musée) ■ Vendeuvre : château

107

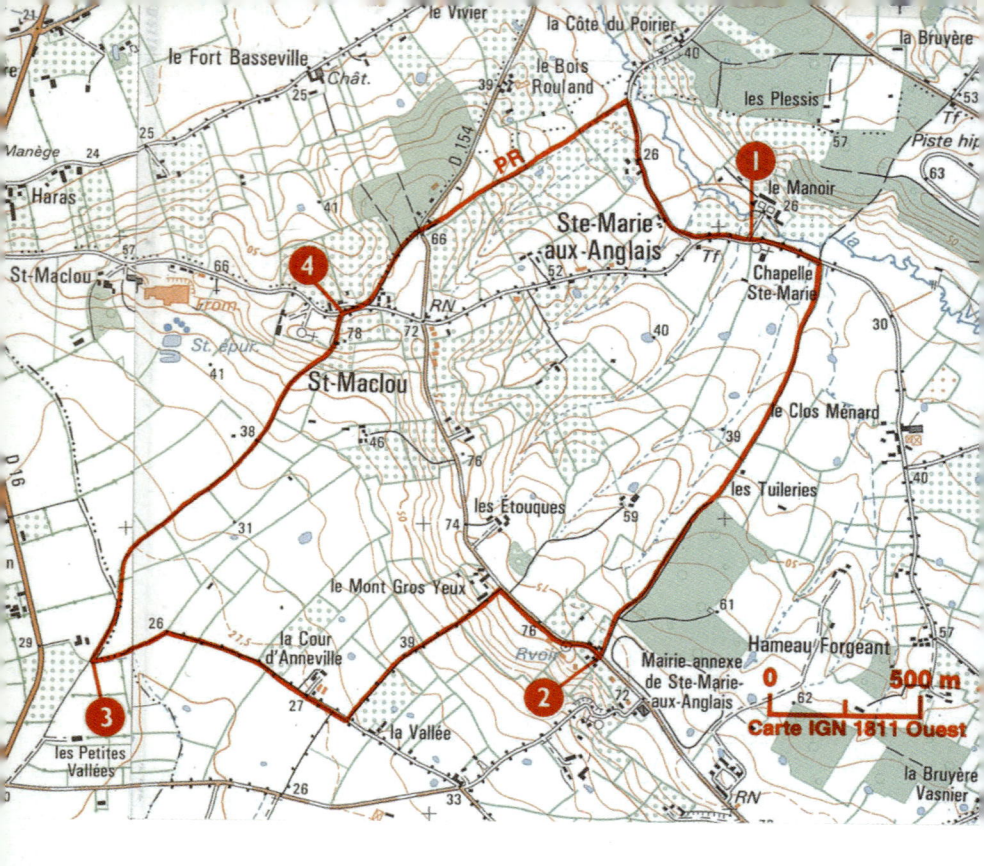

D'un clocher à l'autre

Sainte-Marie-aux-Anglais possède une église romane. A l'intérieur, des peintures murales exceptionnelles, quoique mutilées, constituent un témoignage du 13e siècle. On y trouve : l'histoire du Christ et de la Vierge, celle de saint Jean-Baptiste et les Croisades. On voit dans le chœur deux gisants *(clé au lieudit le Clos Ménard à 1 km à l'est de l'église).*

Près de la Viette, le manoir possède une tour d'escalier octogonale du 15e siècle (propriété privée). L'église Saint-Maclou est située sur une éminence séparant les bassins de la Dives et de la Viette. Elle compose une image traditionnelle du pays d'Auge.

Sainte-Marie-aux-Anglais.
Photo G. P.

Les trois clochers

Sainte-Marie-aux-Anglais, Doux-Marais et Saint-Maclou : trois anciens clochers augerons réunis au Mesnil-Mauger vous accueillent.

Feuille d'aulne glutineux. Dessin N. L.

Fiche pratique 39

2 h 50 — 8,5 Km

Situation Le Mesnil-Mauger, à 34 km au Sud-Est de Caen par les N 13, D 47 et D 180

Parking chapelle de Sainte-Marie-aux-Anglais

Balisage jaune

Ne pas oublier

❶ De l'église, emprunter la petite route vers l'Est longeant le parc du manoir *(privé)*. Prendre le chemin à droite et continuer tout droit.

Atteindre la D 154.

❷ La suivre à droite. Au manoir du Mont-Gros-Yeux, descendre le premier chemin à gauche jusqu'à la voie revêtue. Tourner à droite, suivre la route devenant sentier à hauteur de La Cour-d'Anneville et continuer jusqu'à une intersection de chemins.

❸ Prendre à droite le large chemin montant progressivement *(sur la gauche : fromagerie réputée)* et rejoindre une route.

▶ A gauche : église Saint-Maclou *(église augeronne typique)*. Panorama.

❹ Tourner à droite et prendre le premier chemin à gauche aboutissant à la D 154. Emprunter en face le sentier descendant dans la vallée de la Viette et parvenir à une route. La suivre à droite, négliger la prochaine route à droite et revenir à la chapelle Sainte-Marie-aux-Anglais.

À voir

En chemin

■ chapelle Sainte-Marie-aux-Anglais 12e (chœur 13e, peintures et gisants 13e) ; manoir 15e ■ Saint-Maclou : église 12e, panorama

Dans la région

■ Saint-Pierre-sur-Dives : abbaye, musée, halles
■ Crèvecœur-en-Auge : château féodal (musée)
■ manoir de Coupesarte
■ château de Granchamp

La butte du Montarin

On pourra ici admirer l'habitat à colombages. La plupart des maisons sont de construction traditionnelle (18e, 17e et parfois 16e). Non loin du haut de la butte du Montarin, le site de l'église de Castillon vaut le détour. La butte du Montarin est typique des paysages augerons : l'eau pénètre entre les plaques d'argile qui glissent les unes sur les autres, dessinant en surface un moutonnement. Ses 150 m permettent d'admirer du sommet une des belles vues du pays d'Auge. L'église préromane de Vieux-Pont du 10e siècle est une des plus vieilles de Normandie (clé dans une maison proche de l'église).

D'après M. Sady
et Patrimoine de la Viette.

Eglise de Vieux-Pont-en-Auge. *Photo O. H.*

De La Cornillière au Montarin — Fiche pratique 40

2 h 20 / 7 Km

L'habitat local à colombages, particulièrement bien conservé ici, plongera le promeneur dans l'intimité du paysage augeron traditionnel.

Fauvette à tête noire.
Dessin P. R.

Situation Vieux-Pont-en-Auge, à 38 km au Sud-Est de Caen par les N13, D47 et D154

Parking mairie

Balisage
- ❶ à ❷ jaune-rouge
- ❷ à ❸ bleu
- ❸ à ❺ jaune-vert
- ❺ à ❶ jaune-rouge

Difficulté particulière
gué entre ❹ et ❺

Ne pas oublier

À voir

En chemin
- Vieux-Pont-en-Auge : motte féodale, manoir du Lieu-Rocher 18e, église 10e-11e (mobilier 17e-18e, groupes en pierre 15e-16e)

Dans la région
- Saint-Pierre-sur-Dives : abbaye, musée, halles

---

❶ Du carrefour, près de la mairie de Vieux-Pont-en-Auge, emprunter la petite route goudronnée à droite du calvaire, vers l'Est, le long du terrain communal *(aire de pique-nique)*.

❷ Descendre tout droit à la Viette vers La Cornillière. Traverser la rivière par la passerelle et contourner la propriété privée par la gauche. Passer au pied de la butte du Montarin *(humidité au printemps)*.

❸ Suivre le chemin à droite. Il devient empierré. Obliquer à droite pour monter au sommet de la colline sur Castillon-en-Auge.

❹ Au carrefour, tourner à droite. Suivre la route en laissant à droite une voie sans issue, puis un chemin dans un virage à 45°. Passer devant une ferme à colombages. Tourner à droite. Emprunter un chemin devenant étroit et pentu jusqu'à la Viette. La traverser à gué. Continuer pour rejoindre une route.

❺ Aller à droite et rejoindre le point de départ.

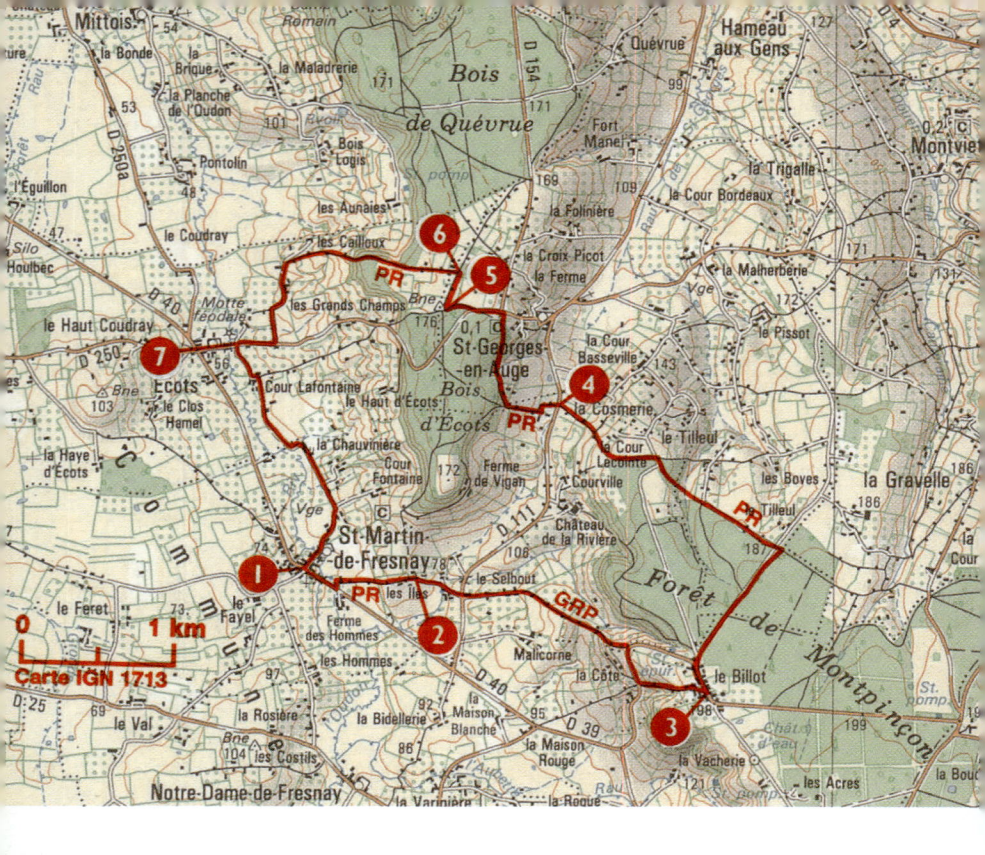

Le Billot

Cette région fait la transition entre le pays de Falaise aux maisons en pierre calcaire et le pays d'Auge aux maisons à pans de bois. Les cavées, chemins creusés par l'usage et le temps, partent à l'assaut des contreforts boisés du pays d'Auge.
Le hameau du Billot, qui culmine à 200 m et offre un vaste panorama, dépend de la commune de l'Oudon née en 1973 de la fusion de dix communes. Le Billot était un petit centre économique très animé. Autrefois on disait : « C'est un gentilhomme du Billot : va te coucher, tu souperas demain » car la

Paysage du Pays d'Auge. *Photo O. H. CDT 14*

noblesse de ce marché était en général peu opulente, au milieu d'une riche contrée. On y trouve aujourd'hui le Foyer rural du Billot qui édite une revue d'art et de traditions populaires.

112

Aux confins du pays d'Auge

Fiche pratique 41

3 h — 12 Km
198 m / 54 m

Le promeneur pourra découvrir de beaux points de vue tout en parcourant les « cavées » profondes des flancs du pays d'Auge.

❶ Du calvaire, suivre la D 40 en direction du Billot *(aire de pique-nique près du lavoir)*. Franchir l'Oudon et monter la cavée à gauche. Atteindre une bifurcation.

▶ Variante du bois d'Ecots : monter la cavée longeant le bois ; suivre le chemin empierré à gauche traversant le bois pour rejoindre la D 250 ; continuer en face par un sentier ; rejoindre le repère ❺ *(balisage jaune-rouge)*.

❷ Suivre la route à droite vers Le Selbout, couper la D 111. Poursuivre en face et gagner la D 39. La descendre à droite et remonter le sentier à gauche aboutissant au Billot près du Foyer rural.

❸ Suivre la D 39 vers la gauche. A la patte d'oie, prendre à droite. Parvenir à une deuxième patte d'oie. Prendre la route à droite jusqu'à l'orée de la forêt. Tourner à gauche, puis à nouveau à gauche sur un chemin. Rejoindre une route. L'emprunter à droite, puis tourner à gauche sur le chemin longeant le bois. Partir à droite et poursuivre jusqu'à une intersection. Descendre en face et aboutir à la D 111.

❹ Suivre le chemin en face. Emprunter le sentier à droite longeant le bois. A l'intersection, gagner à droite la D 250. La suivre à gauche et tourner à droite au chemin suivant. Rejoindre un autre chemin.

❺ Se diriger à droite vers un pylône.

❻ Descendre à gauche par une cavée. Au bitume, aller à gauche et rejoindre la D 250. L'emprunter à droite pour se diriger vers Ecots *(motte féodale)*.

❼ Tourner à gauche avant l'Oudon. Contourner la ferme par la gauche et continuer à droite. Au bout, tourner à gauche, traverser un ru et rejoindre une route à La Chauvinière. La suivre et arriver au carrefour avec la D 40 dans Saint-Martin-de-Fresnay.

Situation Saint-Martin-de-Fresnay, à 45 km au Sud-Est de Caen par les N 13 et D 40

Parking carrefour de L'Oudon (D 40)

Balisage
- ❶ à ❷ blanc
- ❷ à ❸ jaune-rouge
- ❸ à ❺ bleu
- ❺ à ❻ jaune-rouge
- ❻ à ❶ blanc

Ne pas oublier

À voir

En chemin
- Saint-Martin-de-Fresnay : maisons à pans de bois, manoir du Home, église (retable 17e), bois d'ifs anciens, cavées
- Le Billot : maisons à colombage
- Ecots : motte féodale, église en partie 12e, croix de cimetière

Dans la région
- château féodal de Courcy
- château de Vendeuvre
- Saint-Pierre-sur-Dives : abbaye, musée, halles

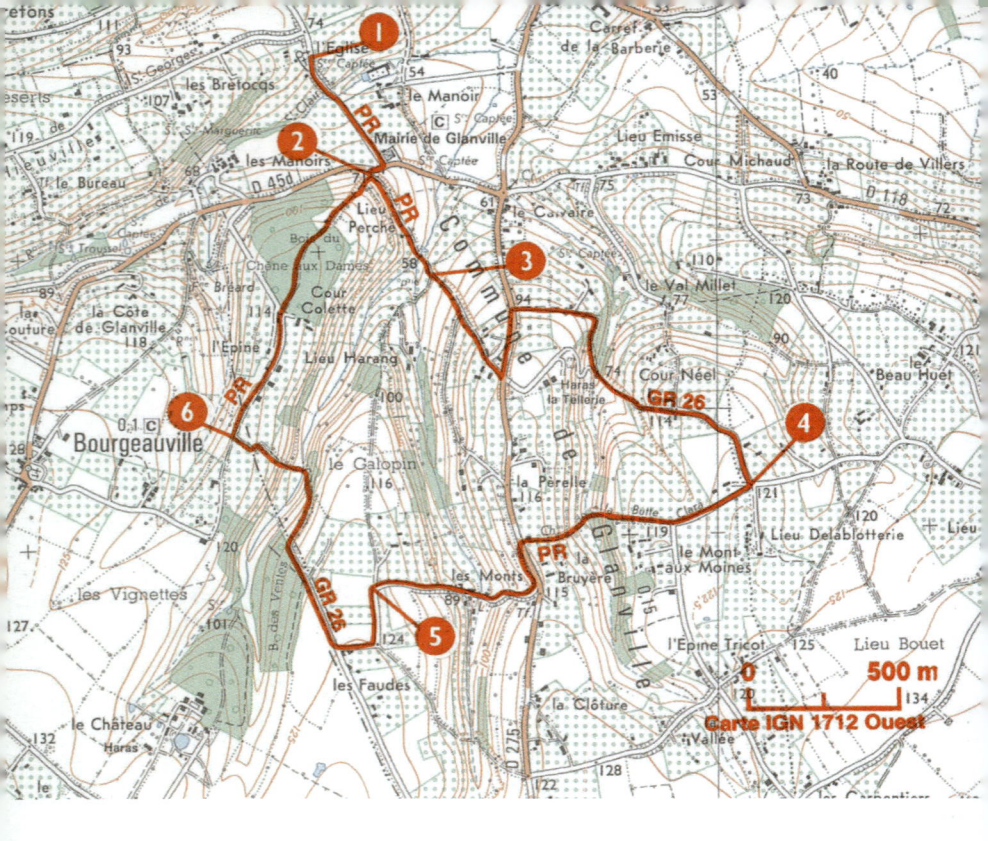

Les sources de Glanville

Glanville est baignée de nombreuses sources qui alimentent plusieurs ruisseaux appelés localement des « douets ». Ainsi, non loin de l'église, près du ruisseau Saint-Clair, une source était dédiée à saint Marcouf et à saint Méen.
Marcouf, évêque de Coutances, naquit à Bayeux et mourut en 558. L'eau des sources qui lui est consacrée était réputée pour soigner les affections cutanées. Quant à Méen, que l'on prononce Main en normand, il naquit au pays de Galles. Il se fixa à Clarbec, non loin d'ici. Il était spécialisé, lui aussi, dans les soins des affections cutanées, des mains, bien sûr (jeu de mots !), et des fesses des bébés. Aujourd'hui, les sources de Glanville sont captées.

Ruisseau Saint-Clair à Glanville. *Photo G. P.*

La butte Clara

Fiche pratique 42

2 h 40
8 Km

Un magnifique point de vue sur Beaumont-en-Auge et les collines alentour donne le ton à ce circuit qui traverse les *douets* (ruisseaux) nichés dans de profonds vallons.

Situation Glanville, à 8 km à l'Ouest de Pont-l'Évêque par la D 118

Parking église

❶ De l'église de Glanville, descendre la petite route goudronnée jusqu'à l'ancienne école et la mairie, près du carrefour. Traverser la D 45d.

❷ Deux chemins se présentent : emprunter celui de gauche et le suivre jusqu'à une fourche.

Balisage
- ❶ à ❸ jaune
- ❸ à ❹ blanc-rouge
- ❹ à ❺ jaune-vert
- ❺ à ❻ blanc-rouge
- ❻ à ❶ jaune-bleu

❸ Remonter la branche de gauche jusqu'à la D 275 *(prudence)*. La suivre à gauche sur 200 m, puis tourner à droite. Descendre et franchir un ruisseau sur une petite passerelle. Remonter et gagner une route, la suivre sur 350 m jusqu'à une intersection.

❹ Emprunter la route à droite et poursuivre tout droit sur un chemin au nom poétique de La Butte-Clara. Rejoindre la D 275 *(prudence).* La suivre à gauche sur 100 m, la traverser. Prendre la petite route à droite sur 500 m jusqu'à un tournant.

Ne pas oublier

❺ Se diriger sur la gauche sur 200 m, puis à droite. Peu après, tourner de nouveau à droite. Descendre dans le vallon du Bois des Ventes, traverser le ruisseau sur la passerelle et remonter pour rejoindre une intersection.

À voir

❻ Tourner à droite, traverser le bois du Chêne-aux-Dames et rejoindre le repère ❷.

❷ Gagner l'ancienne école, suivre la route utilisée à l'aller et rejoindre l'église de Glanville.

En chemin

■ Glanville : église en partie 12e (chœur 12e, retable 17e, maître-autel 17e-18e)

Dans la région

■ Deauville : promenade des Planches ■ Pont-l'Évêque : ville célèbre pour son fromage, maisons à pans de bois, hôtels anciens, églises, musée ■ Beaumont-en-Auge : maisons à pans de bois, église, musée de peinture, panorama

Grive musicienne. *Dessin P.R.*

Un port de pêche

Au confluent de la Touques et du ruisseau de Callenville, Trouville était un port de pêche modeste qui s'organisait autour d'un parc à huîtres. Face à la mer, Hennequeville se rassemblait en hameau au lieudit la Chapelle. Ces deux villages de pêcheurs formèrent, en 1847 lors de leur fusion, Trouville-sur-Mer qui connaissait déjà un essor significatif. La mode des voyages permit à des sites remarquables d'accéder à la notoriété. Ainsi, la côte normande fut l'objet de ces expéditions, et c'est au peintre Charles Nozin que l'on attribue le fait d'avoir « découvert » Trouville en 1825. Puis vinrent d'autres artistes, Flaubert adolescent et Alexandre Dumas… Tous, avec les Trouvillais, participèrent à l'essor de la ville.

Trouville. *Photo O. H.*

Source : *Trouville côté pêcheurs*, OT de Trouville.

Autour de Trouville

Fiche pratique 43

Sur la côte Fleurie, Trouville a conservé la plupart de ses constructions à l'architecture caractéristique des stations balnéaires de la seconde moitié du 19e et de la première moitié du 20e. Dès la sortie de la ville, on plonge dans une campagne pittoresque aux sentiers sauvages et en panorama sur la baie de Seine.

❶ Prendre, face à la Poissonnerie, la rue des Bains, puis la rue d'Orléans. La laisser avant la place Thénard pour monter à droite la rue du Chalet-Cordier. Traverser le boulevard d'Hautpoul et emprunter en face l'avenue d'Eylau. Monter à gauche le chemin des Buttes.

❷ Prendre à droite le chemin du Rocher.

❸ Tourner à gauche avenue du Beau-Regard. Suivre à gauche le chemin de Calenville.

❹ et descendre par le premier chemin de droite. Apres les serres, le chemin de terre monte en virages pour atteindre une route que l'on prend à gauche.

❺ Au carrefour de la Bruyère-Boulard, prendre à droite un chemin longeant la bruyère Boulard, couper une route et aboutir à l'intersection avec le chemin du bois de Beauvais. Partir à gauche. Au bout, tourner à gauche puis à droite et rejoindre une route. Utiliser la rue presque en face sur la droite et tourner à droite au bout.

❻ Prendre à gauche le chemin du Bas-Couyère vers la falaise des Creuniers. Longer à gauche le plateau *(panorama)*. Au bout, négliger le raidillon à droite rejoignant l'église St-Michel, bifurquer à gauche et aboutir sur une rue.

❼ Descendre le chemin à droite rejoignant une route en contrebas. La monter à gauche, puis gravir un chemin à droite. A la route suivante, prendre à gauche. Au carrefour, aller à droite en passant devant l'école. Dans le virage à 90°, laisser le chemin goudronné en face et continuer de suivre le balisage blanc-rouge.

❽ Prendre le premier chemin de droite (bocager) qui aboutit sur une route, près d'une aire de pique-nique. Continuer tout droit.

❸ Emprunter la rue du Rocher jusque l'avenue Marcel-Proust, puis à gauche l'avenue des Chalets. Traverser le boulevard Aristide-Briand, descendre le boulevard de la Corniche *(table d'orientation)* et rejoindre la place Thénard.

❾ Emprunter la promenade des Planches, passer le casino, suivre les quais de la Touques et regagner le point de départ.

3 h 12 Km 143 m / 6 m

Situation Trouville-sur-Mer, à 12 km au Nord-Ouest de Pont-l'Evêque par la N 177

Parking port

Balisage
- ❶ à ❸ jaune
- ❸ à ❹ blanc-rouge
- ❹ à ❻ jaune
- ❻ à ❽ blanc-rouge
- ❽ à ❾ jaune
- ❾ à ❶ aucun

Ne pas oublier

À voir

En chemin

■ Trouville-sur-Mer : poissonnerie style normand (1936), hôtel de ville style Louis XIII (°913), casino style Louis XVI, villas, église néoclassique 19e, aquarium, plage, port, quais de la Touques, villa Montebello (musée)

Dans la région

■ Deauville : promenade des Planches

117

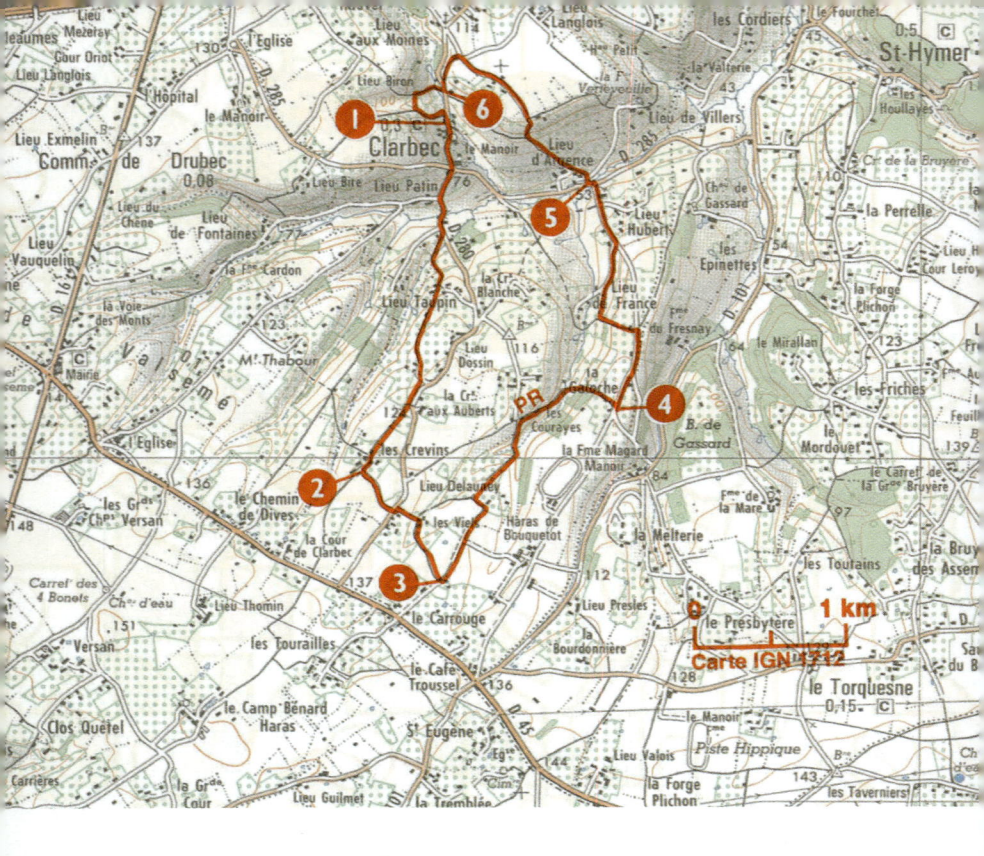

Le clos augeron

On trouve, dispersés dans une cour ou un clos entouré de haies, l'habitation, l'étable, la porcherie, la laiterie, le pressoir et son cellier, le fournil avec le bûcher, et la « bouillerie » qui abrite l'alambic, peu de granges et d'écuries. Ajoutons la mare, le puits et le tas de fumier… La maison d'habitation comporte fréquemment un second niveau pris dans le comble du toit. Les soubassements sont en grès, en silex, en craie dure ou en brique. Le torchis est le principal matériau d'entrecolombage pour les bâtiments annexes.

A partir du second Empire, beaucoup de maisons ont été reconstruites en brique. Elément indispensable, le pressoir comprend trois parties : le grenier à pommes, le pressoir et le cellier. Les bâtiments à colombage sont aujourd'hui souvent rachetés et transformés en résidences secondaires.

Lavoir à Clarbec. *Photo G. P.*

La Galoche

Fiche pratique 44

3 h — 10 Km

Clarbec, le « Clair Ruisseau », est le type même de village augeron. Il s'est développé autour de son église dans le vallon d'un affluent de l'Yvie.

Epervier d'Europe.
Dessin P. R.

❶ De l'église, quitter Clarbec par la D 280 vers le Sud, en passant devant l'école. Traverser le carrefour avec la D 285. Franchir l'Yvie sur le pont et prendre le deuxième chemin sur la droite descendant vers un ruisseau. Le franchir à gué. Poursuivre sur 1,6 km tout droit jusqu'aux Crevins.

❷ Tourner à gauche, traverser la D 280 pour prendre presque en face un chemin légèrement sur la gauche. Le suivre 100 m, puis s'engager à droite sur un chemin ombragé jusqu'à l'intersection suivante.

❸ Partir à gauche. Longer les herbages du haras Bouquetot avec son manoir, sur la droite. Bifurquer à gauche, puis se diriger à droite sur 600 m. Tourner sur la droite et descendre vers la fontaine de Becquis dans son site verdoyant. Continuer sur 300 m, puis rejoindre le chemin bitumé de la Galoche.

❹ Aller à gauche sur 600 m. Laisser la petite route goudronnée et tourner à gauche. Partir à droite vers Le Lieu-Hubert et revenir sur la route précédente. La suivre à gauche jusqu'à la D 285.

❺ Traverser la route, aller presque en face, puis quitter la petite route pour emprunter le sentier à gauche sur 500 m. Se diriger à droite, puis prendre la route à gauche sur 600 m. Au croisement, descendre à gauche par un chemin débouchant sur la D 280. La suivre à gauche sur quelques mètres.

❻ S'engager à droite dans un chemin menant à la fontaine Taillanville. Partir et rester à gauche pour revenir sur la D 280 à l'entrée de Clarbec. Aller à droite et rejoindre le point de départ.

Situation Clarbec, à 7 km au Sud-Ouest de Pont-l'Evêque par les N 175 et D 280

Parking mairie (près de la fontaine Saint-Laurent)

Balisage jaune

Difficulté particulière
gué entre ❶ et ❷

Ne pas oublier

À voir

En chemin

■ Clarbec : église 12e-13e-15e (mobilier 18e-19e), cimetière (tombes originales), fontaine Saint-Laurent (source curative)

Dans la région

■ Pont-l'Evêque : maisons à pans de bois, hôtels anciens, églises, musée ■ Beaumont-en-Auge : maisons à pans de bois, église, musée de peinture, panorama

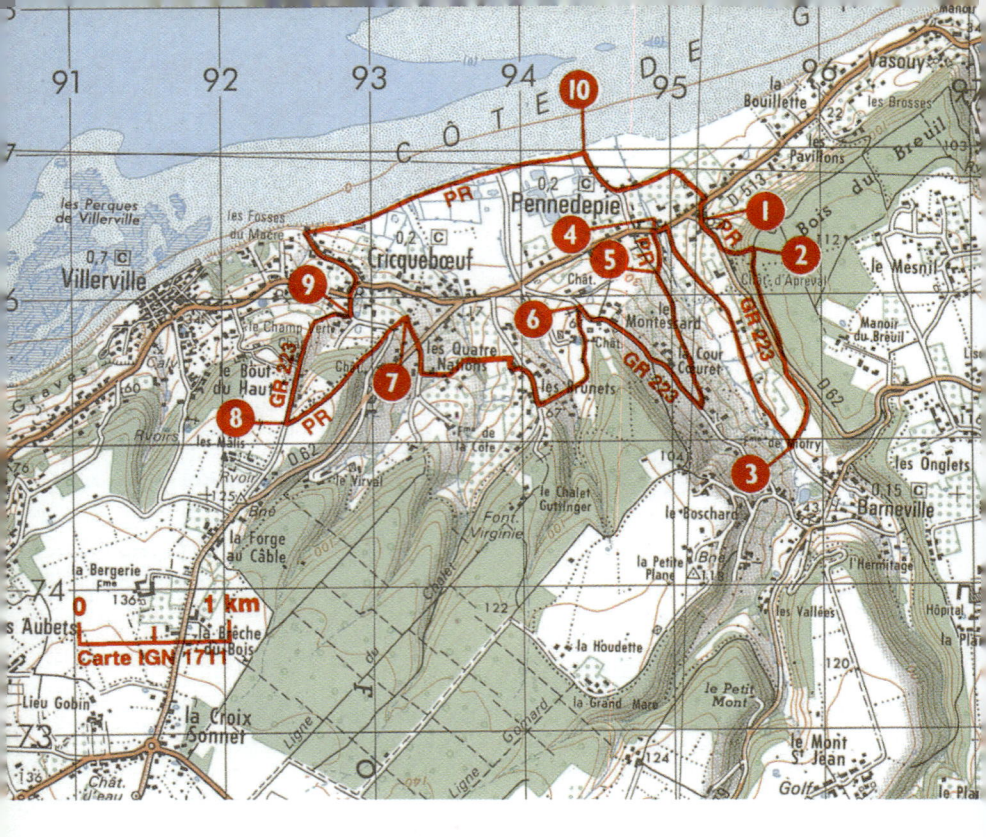

La chapelle aux lierres

Si l'origine du nom de Pennedepie est laissée à votre imagination, on sait néanmoins que les Normands, venus de Scandinavie, baptisèrent les lieux de ce secteur. Barneville signifie le domaine de Barni, nom scandinave et Cricquebœuf vient du scandinave *buth*, maison, précédé de *Kirkja*, église, d'où la « maison de l'église ». L'église Saint-Martin de Cricquebœuf, était jadis couverte de lierre, d'où son surnom de « chapelle aux lierres ». Son site inspira les peintres. Elle est construite en travertin, une pierre locale. Il s'agit d'un empilement de couches de débris organiques pétrifiés par le calcaire. Les églises de Pennedepie, Barneville, Gonneville-sous-Honfleur et Quetteville sont bâties dans ce matériau.

Eglise de Cricquebœuf. *Dessin G.P.*

Les marais de Pennedepie

Fiche pratique 45

3 h — 11 Km — 115 m / 5 m

Cricquebœuf et Pennedepie, voilà deux noms qui sonnent normand ! Le panorama sur l'estuaire de la Seine et le charme de la Côte de Grâce sont au rendez-vous de cette promenade.

Situation Pennedepie, à 5 km à l'Ouest de Honfleur par la D 513

Parking église

Balisage
- ❶ à ❷ jaune-vert
- ❷ à ❹ blanc-rouge
- ❹ à ❺ jaune
- ❺ à ❼ blanc-rouge
- ❼ à ❽ jaune
- ❽ à ❾ blanc-rouge
- ❾ à ❶ jaune

❶ De l'église, emprunter la D 62 sur 50 m vers le Sud. La quitter à gauche pour un chemin montant dans le bois du Breuil *(rhododendrons)*.

❷ A l'entrée du bois du Breuil, suivre à droite le chemin descendant sur 750 m à la D 162. Poursuivre en face sur le chemin des Marguerites *(propriété privée : ne pas pique-niquer)*.

❸ Suivre à droite le chemin des Mesliers sur 1,7 km. Prendre la D 513 à gauche sur 20 m *(prudence)*.

❹ Emprunter le chemin du Moulin à gauche sur 250 m jusqu'à une intersection.

❺ Prendre à gauche sur 1 km jusqu'à Lieu-Hatan. Suivre la route à droite sur 1 km en traversant La Cour-Cœuret.

❻ Au Montessard, quitter la route pour le chemin à gauche. Passer derrière le château de la Ruchelière, puis suivre à droite sur 350 m un chemin goudronné. Partir à gauche sur un chemin de terre rejoignant le quartier des Quatre-Nations puis la D 62. Traverser la route *(prudence)*, prendre en face pour gagner une petite route.

❼ Traverser la route et monter sur 1 km le chemin passant derrière un hôtel. Retrouver une autre route.

❽ En haut de la côte, descendre à droite le chemin du Fort sur 1 km. Aboutir sur une route à La Fontaine-des-Broches.

❾ Tourner à gauche, gagner la D 513 et l'église de Cricquebœuf *(virages : prudence)*. Suivre, derrière la mairie, le chemin de la Mer sur 500 m. Au bas des marches, se diriger à droite et longer la plage sur 2 km.

❿ Partir à droite sur le deuxième chemin et parcourir 350 m. Emprunter à gauche le chemin de la Rivière sur 800 m. Couper la D 513 *(prudence)* et regagner l'église de Pennedepie.

À voir

En chemin
- Pennedepie : église romane et gothique (mobilier 17e-18e), moulin 16e
- Cricquebœuf : manoir, chapelle aux Lierres 12e, site avec l'étang

Dans la région
- Honfleur : site, port, maisons anciennes, églises, musée Eugène-Boudin, chapelle Notre-Dame de Grâce (panorama sur l'estuaire de la Seine)

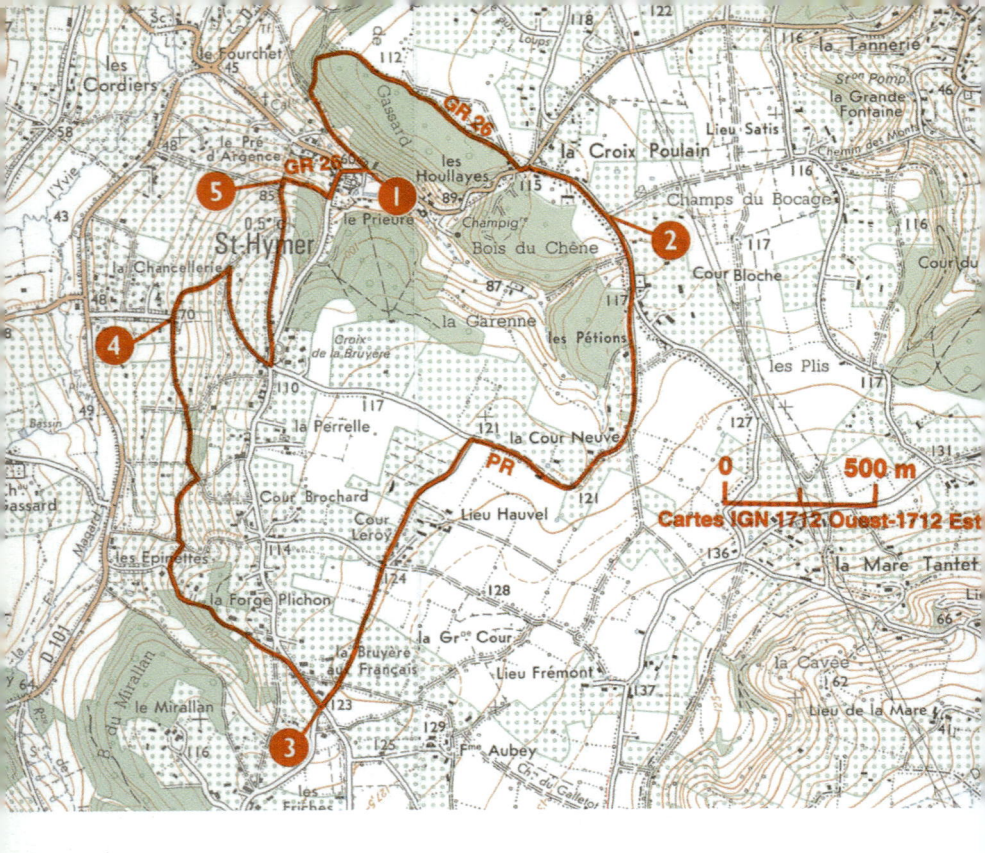

Un prieuré normand

Saint-Hymer doit en grande partie sa notoriété à son prieuré. Il fut fondé par Hugues de Montfort vers 1066. On raconte qu'il trouva dans ce vallon une similitude avec le val Saint-Himer en Suisse d'où il venait. Le prieuré reste lié à l'abbé de Roquette (1699-1789). C'était un fervent partisan du mouvement jansé-niste qui se développa aux 17e et 18e siècles en France. Il eut le temps de faire les constructions nécessaires au prieuré et mourut en 1789.
Vendu comme bien national à la Révolution, le prieuré échut par la suite au colonel Langlois. Il légua le prieuré à l'Hôpital de Pont-l'évêque, à condition qu'on y établisse un hospice. La « Mère Denis », devenue

Saint-Hymer, lavoir. *Photo G. P.*

célèbre dans les années 1960 pour ses spots publicitaires, fut hôte de la maison de retraite et repose dans le cimetière.

Le vallon de Saint-Hymer

Fiche pratique 46

2 h 40 — 8 Km

Ce village dans sa riante vallée a su préservé ce calme qui fait le charme des petites communes augeronnes. Une incitation à la contemplation, sur les traces de Pascal…

Situation Saint-Hymer, à 6 km au Sud-Ouest de Pont-l'Evêque par les D 48, D 101 et D 280a

Parking face au prieuré

Balisage
- ❶ à ❷ blanc-rouge
- ❷ à ❺ jaune
- ❺ à ❶ blanc-rouge

Ne pas oublier

❶ Du parking, face au prieuré, suivre à gauche la D 280a. Monter à gauche la ruelle longeant l'école puis la salle des fêtes. Pénétrer dans le bois de Gassard. Après un large virage à droite, rejoindre la D 280a. La traverser pour emprunter presque en face la petite route sur 300 m.

❷ Continuer la petite route sur 250 m. A la fourche, prendre le chemin de La Cour-Neuve à droite sur 700 m. Bifurquer à droite et gagner une petite route. Tourner à gauche, arriver à La Cour-Leroy et continuer en face. Traverser La Bruyère-aux-Français et rejoindre une route.

Pic noir.
Dessin P. R.

❸ Emprunter la route à droite, puis virer à gauche et descendre vers Les Epinettes sur 600 m. Prendre à droite sur 700 m *(bien suivre le balisage)*. Rester sur la même ligne de pente. Aboutir à une petite route menant à gauche à la D 101.

❹ Continuer encore 250 m, puis virer à droite afin de rejoindre la Croix de la Bruyère, au niveau de la route. La suivre à gauche, puis emprunter à gauche le sentier sur 500 m.

❺ Continuer quelques mètres en face, puis tourner à droite pour retrouver la route au niveau du prieuré. Descendre la rue à gauche pour rejoindre la D 280a et le parking de départ.

À voir

En chemin

■ Saint-Hymer : ancien prieuré (église reconstruite au 14e : tour-lanterne à base romane 18e, mobilier, toiles et statues 17e-18e, bâtons de confrérie ; bâtiments conventuels avec cloître 17e-18e), avoir ancien

Dans la région

■ Pont-l'Evêque : maisons à pans de bois, hôtels anciens, églises, musée ; fabrication de fromage ■ Beaumont-en-Auge : maisons à pans de bois, église, musée de peinture, panorama

123

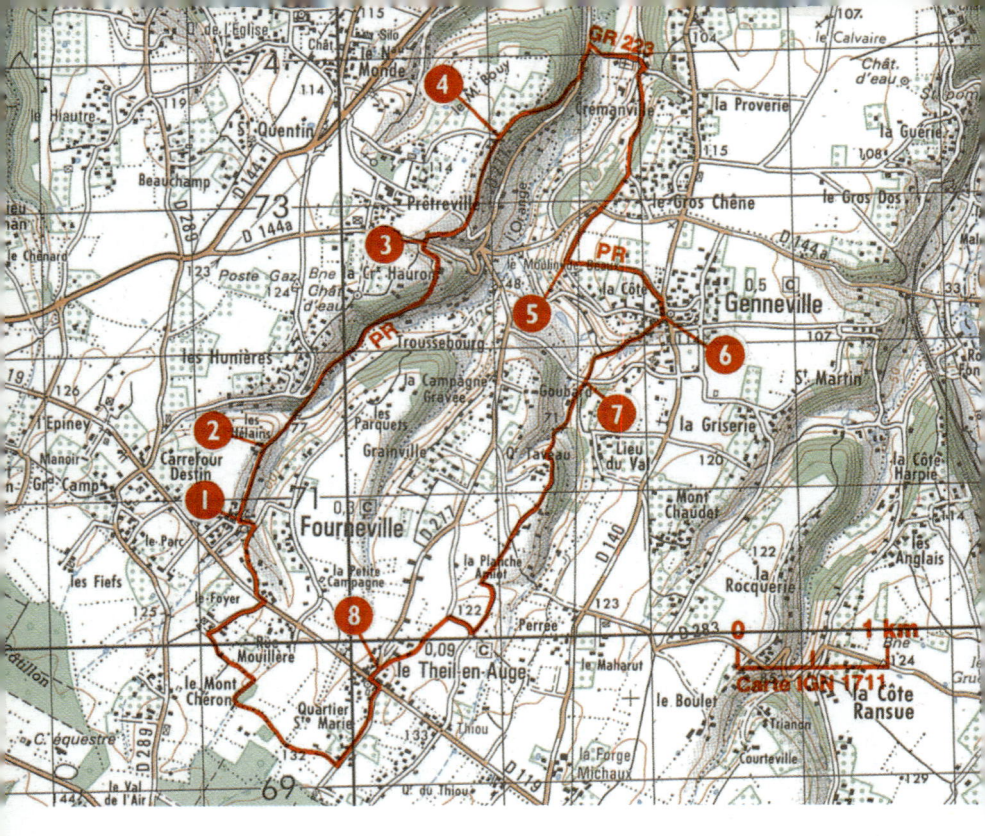

Un village augeron : Fourneville

Fourneville est un pittoresque village s'étendant du creux de la vallée de l'Orange jusqu'en haut de la colline. Les constructeurs de l'église *(clefs à la maison à colombages dans le virage)* ont usé de quelques astuces pour édifier l'église à flanc de colline. Datant des 12e-13e siècles, elle a conservé de cette période ses étroites baies et un mur rudimentairement appareillé de moellons de silex.
Fourneville est connu pour son pèlerinage à saint Yves le 19 mai. Selon le gardien de l'église, on comptait jusqu'à cinq offices ce jour-là pour honorer ce saint protecteur du bétail, mais aussi patron des avocats. Il est d'ailleurs représenté avec la barrette et le bâton, symboles de cet ordre. La paroisse de Fourneville compte une confrérie de Charitons.

Rougequeue à front blanc.
Dessin P.R.

La vallée de l'Orange

Fiche pratique 47

3 h 20 — 13,5 Km

139 m / 25 m

Cette randonnée augeronne, au départ du pittoresque village de Fourneville, sillonne la campagne par des chemins flirtant avec la vallée de l'Orange.

Pissenlit. Dessin N. L.

Situation Fourneville, à 13 km au Nord de Pont-l'Évêque par les D 579 et D 119

Parking église

Balisage
- ❶ à ❹ jaune
- ❹ à ❺ blanc-rouge
- ❺ à ❶ jaune

❶ De l'église, se diriger vers le Nord jusqu'au manoir des Hélains visible du chemin.

❷ Face au manoir, prendre le chemin à droite longeant plus loin l'Orange. Après le bâtiment de captage des sources de Creusseville, suivre le chemin montant rejoindre la D 144a.

❸ Traverser la route et prendre le chemin en face pour gagner le mont Bouy. Couper une petite route et poursuivre 600 m sur le rebord du coteau.

❹ Descendre à la D 277, la suivre à gauche sur 200 m. Partir à droite pour traverser l'Orange. A la route, tourner à droite et monter à gauche la côte de Crémanville. A la fourche, suivre à droite le chemin s'enfonçant dans le bois. Traverser la D 144a et continuer sur le chemin goudronné sur 600 m.

❺ Suivre le chemin à gauche. Rejoindre la D 140 et gagner à droite l'église de Genneville.

❻ A l'église, tourner à droite rue du Commerce. A la fourche, prendre à gauche. Passer près des bassins de décantation, puis rejoindre une petite route.

❼ Traverser la route et suivre en face un chemin obliquant peu après à droite. Monter sur le plateau. Par un chemin tantôt ombragé et accidenté, tantôt plat et à découvert, rejoindre le haras du Theil.

❽ Au haras, partir à gauche pour gagner Le Theil-en-Auge. Suivre la D 119 à gauche sur 100 m, puis emprunter la route à droite sur 600 m. Prendre à droite et se diriger tout droit vers les ruines du Câtillon. Laisser Rue-Mouillère à droite pour prendre le chemin suivant à droite qui débouche sur la D 119. Emprunter le chemin en face. A son extrémité, aller à gauche et retrouver l'église de Fourneville.

À voir

En chemin

■ Fourneville : église en partie 12e-13e (retable, peintures et statues 17e-18e, torchères de confrérie), presbytère 18e, lavoir ■ Genneville : château 18e, église 13e-16e-19e (mobilier 17e-18e) ■ Le Theil-en-Auge : église 14e (statues 17e, fonts baptismaux 15e, bâtons de confrérie)

Dans la région

■ Honfleur : site, port, maisons anciennes, églises, musée Eugène-Boudin, chapelle Notre-Dame de Grâce (panorama sur l'estuaire de la Seine)

125

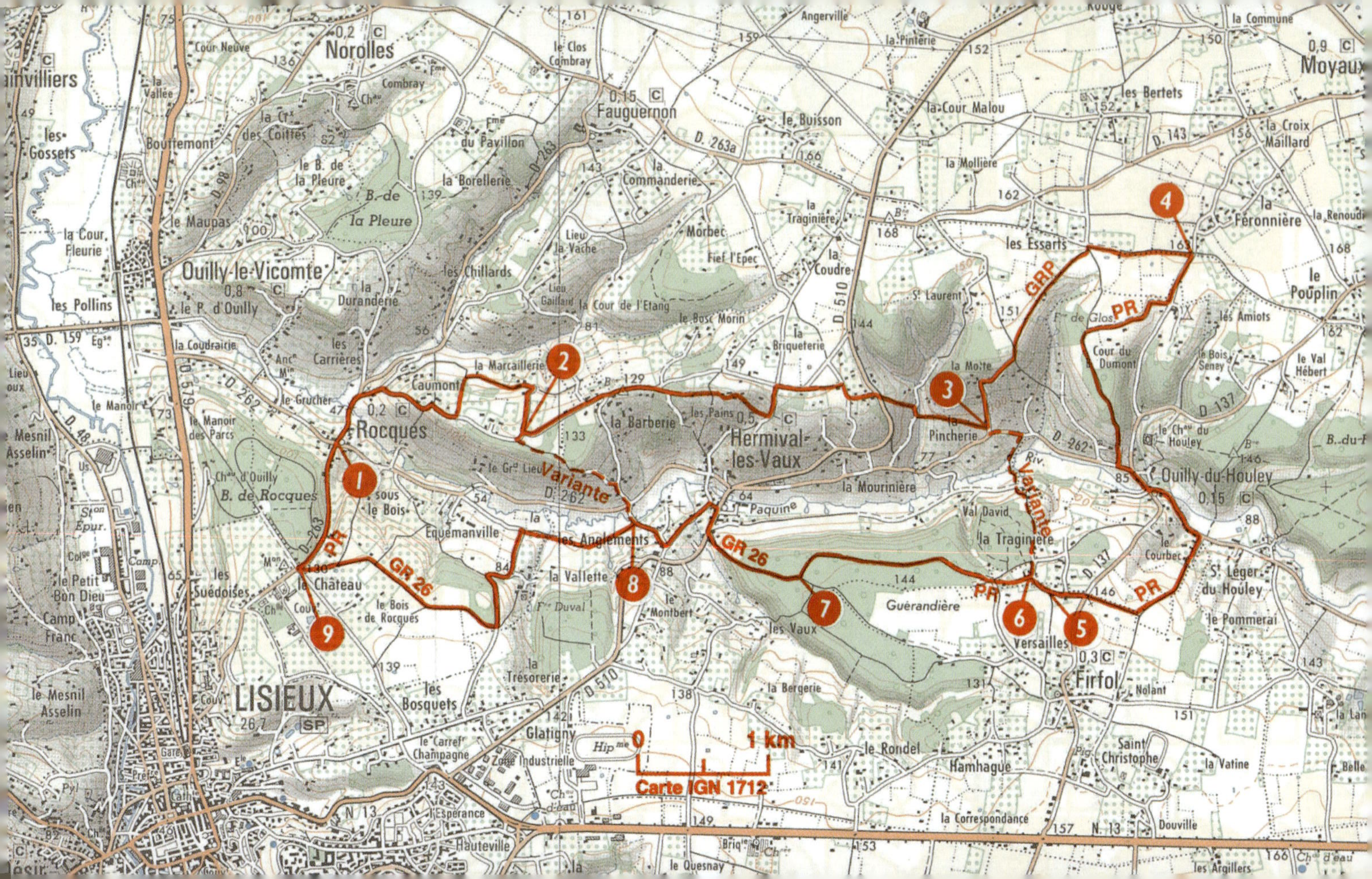

Norolles
Fauguernon
Moyaux
Ouilly-le-Vicomte
Rocques
Hermival-les-Vaux
Ouilly-du-Houley
St Léger du Houley
Firfol
LISIEUX
Les Essarts
la Marcaillerie
la Barberie
la Mourinière
la Pincherie
la Motte
la Traginière
Guérandière
Versailles
les Vaux
la Vallette
les Anglements
Equemanville
le Château
les Bosquets
Glatigny
Saint Christophe
Hamhague
le Rondel
Variante
GR 26
GRP
PR
1
2
3
4
5
6
7
8
9
0
1 km
Carte IGN 1712

La vallée de la Paquine

Fiche pratique 48

5 h 30 — 22 Km

163 m / 47 m

Des maisons à colombages, des vaches normandes sur fond de pommiers fleuris, voilà une randonnée augeronne !

❶ Descendre la D 263 en passant la Paquine. Au calvaire, monter à droite, puis tourner à droite. A la ferme de Caumont, aller à droite, descendre le chemin à gauche. Prendre à droite en contrebas. Monter à droite.

▶ *Une variante permet de gagner le repère ❽ (voir tracé en tirets sur la carte ; balisage jaune).*

❷ Suivre la route à gauche. Laisser la route d'Hermival et continuer en face. A la fourche, emprunter le chemin à droite. Aller tout droit à la Croix Malet. Monter la route à gauche. Au carrefour, suivre la route à droite. Continuer le chemin en face. Au bout, tourner à droite et descendre un chemin à gauche. Couper la D 510 *(prudence)* et descendre dans le val. Prendre à droite puis à gauche, franchir un gué. Continuer vers Clipin.

▶ *Une variante permet de gagner le repère ❻ (voir tracé en tirets sur la carte ; balisage jaune-rouge).*

❸ A Clipin, tourner à gauche, passer La Motte et suivre le chemin. Aux Essarts, partir à droite et gagner la route.

❹ Partir à droite vers Le Criquet. Devant l'auberge, prendre le chemin à droite. Aller vers La Cour-du-Bois-Dumont. Entrer dans le bois et descendre à Ouilly-du-Houley. Suivre la D 262 à gauche puis à droite jusqu'au restaurant et à l'église. Continuer à gauche la D 262, puis monter à droite le chemin de la ferme. Prendre le premier chemin à droite. Couper la D 137 (calvaire).

❺ Aller tout droit vers La Traginière.

❻ Prendre à gauche jusqu'au bois, tourner à gauche et traverser le bois. Bifurquer à gauche.

❼ Descendre le chemin creux à droite. Prendre la D 510 à droite. A l'église d'Hermival, tourner deux fois à gauche. Aux Anglements, aller à droite, descendre vers la Paquine.

❽ Ne pas franchir le pont, prendre le chemin à gauche suivant la vallée. Monter la route à gauche. En haut de la côte, prendre le chemin à droite.

❾ Descendre la D 263 à droite, gagner l'église de Rocques.

Situation Rocques, à 3 km au Nord de Lisieux par la D 263

Parking mairie (près de l'église)

Balisage
❶ à ❸ jaune
❸ à ❹ jaune-rouge
❹ à ❺ jaune
❺ à ❻ jaune-rouge
❻ à ❼ jaune
❼ à ❾ jaune-rouge
❾ à ❶ jaune

Difficulté particulière
gué entre ❷ et ❸

Ne pas oublier

À voir

En chemin
■ Rocques : église 13e (double porche 15e-16e)
■ Ouilly-du-Houley : château féodal 15e-16e (privé), église 15e (porche, bâtons de confrérie)

Dans la région
■ Lisieux : basilique

Ouilly-du-Houley

Village d'Ouilly-du-Houley. *Photo O. H.*

La Paquine coule au nord-est de Lisieux ; c'est une vallée de grasses prairies dont les versants sont boisés. On ne manquera pas le petit village de Ouilly-du-Houley, nom issu de la fusion en 1825 de Saint-Léger-du-Houley (ou Houlley) et d'Ouillie-la-Ribaude. Houllei dériverait de « houleur » ou « houlier » signifiant homme débauché quant au terme ribaude, il désignait une femme débauchée. La licence des mœurs aurait-elle régné dans ce petit coin du pays d'Auge ? L. Dubois pense qu'« autrefois il y avait en cette commune plus de libertinage qu'aux environs » (*Histoire de Lisieux*), mais il imagine que, peut-être, ce n'était « qu'une simple taquinerie de voisins, fort commune autrefois ». Moins malicieusement, ces vocables ne seraient en fait qu'une altération des noms propres d'anciens seigneurs de la paroisse, ainsi ce Ribauld qui aurait vécu ici vers 1109. On remarquera, surveillant la vallée au-dessus du village, la forteresse médiévale remaniée à la Renaissance puis au 18e siècle.

Des lions en Normandie

Hermival-les-Vaux est né de la fusion en 1825 du village d'Hermival et de celui des Vaux. Certains auteurs fantaisistes ont vu dans son nom « le val d'Hermès », divinité grecque qui serait venue pour enseigner la sagesse à la population de la vallée de la Paquine... Ce village laisse apercevoir son château près de l'église. Ses tours d'angle, datant du 16e siècle, à damier de briques roses à chaînages de pierres, encadrent un logis postérieur. Comme le château voisin d'Ouilly-du-Houley, il abrita des blessés en 1944. En 1986, sur le territoire de cette commune, s'est installé sur 50 ha, autour du manoir Saint-Laurent, un parc zoologique : le Centre de loisirs de Cerzä. Là, des animaux vivent en semi-liberté et on tente de respecter leur environnement. On pourra ainsi découvrir des zèbres et des lions en plein cœur du pays d'Auge... Des aires de pique-nique et de loisirs y sont également aménagées.

Maison à colombages.
Photo CDT.

Les Charitons normands

Au milieu de son cimetière, l'église de Rocques du 13e siècle, restaurée après 1944 et monument historique depuis 1946, avec ses deux porches ou « lectures » juxtaposés en équerre (15e et 16e siècles), mérite la visite. On disait « lecture » pour porche car, en cas de mauvais temps, on y lisait les annonces. A l'intérieur, on découvre un décor intéressant du 18e siècle. On y verra, comme à l'église d'Ouilly-du-Houley, des bâtons de confrérie, des torchères sculptées datant de 1640. Les confréries, devenues rares aujourd'hui, sont des associations charitables de prières et de secours mutuels qui assurent dans les villages les inhumations. Elles sont toujours en activité dans certains villages du pays d'Auge et de l'Eure. Elles ont leurs rites et obligations, leurs officiers, leurs costumes et insignes. On retrouve en de nombreuses églises des villages du pays d'Auge, exposés dans le chœur au-dessus des stalles en bois, les habits brodés et les ornements des membres de ces associations que l'on appelle les « Charitons ».

Toit de chaume. *Photo O. H.*

Architecture traditionnelle du pays d'Auge

Les matériaux utilisés dans la maison traditionnelle augeronne sont pour la maçonnerie le bois et l'argile, pour le toit le chaume planté d'iris, l'ardoise ou la tuile. L'utilisation du bois s'explique par la médiocre qualité de la pierre du sous-sol ou le coût quand il fallait l'importer. La construction à pans de bois forme un squelette de poteaux verticaux posés sur des pierres et des sablières horizontales reliées par des potelets ou « colombes », d'où le nom d'architecture à colombages. L'ensemble est maintenu par des tenons, des mortaises ou des chevilles. Les espaces sont remplis de torchis, de brique ou de tuileau. Quelquefois, pour l'étanchéité, on recouvre un pan de la maison avec des *essentes* en bois de châtaigniers ; souvent, un auvent protège les murs de l'humidité. Parfois, des décors de damiers de pierre et de briques sont introduits sur les manoirs. Au 19e siècle, on délaissa le pan de bois et le chaume pour la brique et la tuile, plus économiques, le colombage devenant la caractéristique du style régional normand.

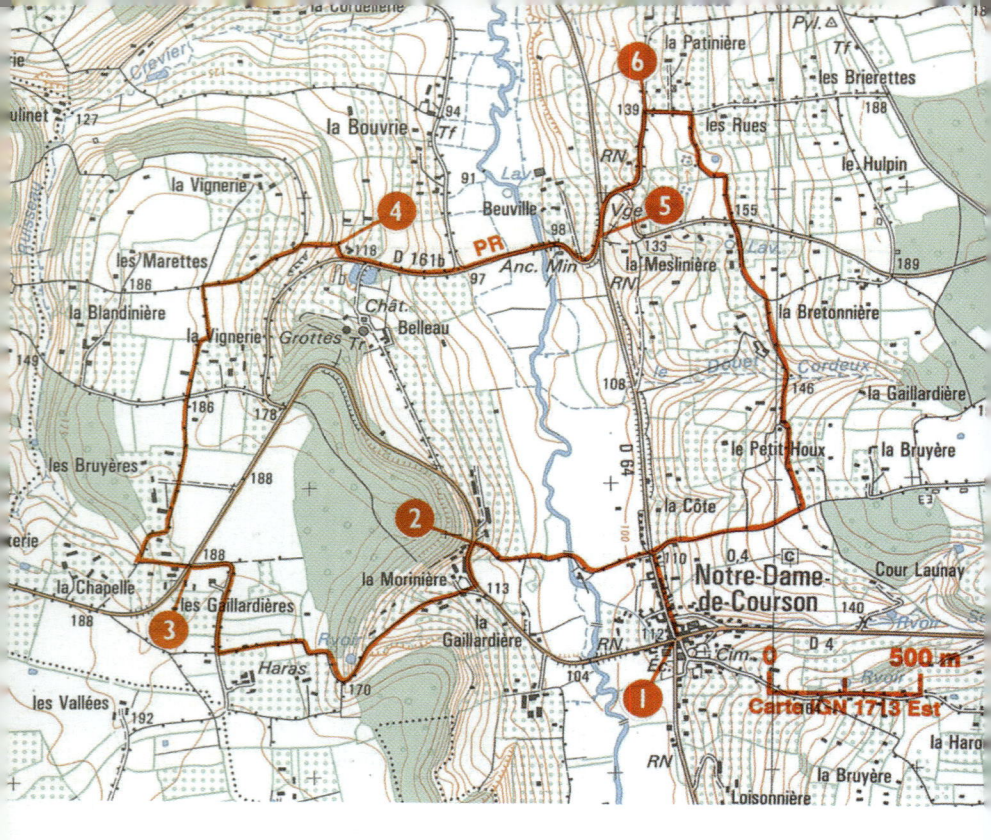

La vallée de la Touques

La Touques, « vallée d'Auge » par excellence, était appelée autrefois Lezon jusqu'à Lisieux. Ce fleuve prend sa source à la limite Sud du pays d'Auge. Au départ, alimenté par plusieurs sources, il se dirige vers Gacé puis traverse Lisieux. Grâce à ses affluents, tels que l'Orbiquet, la Paquine et la Calonne, la Touques coule alors au cœur d'une large vallée et parcourt 108 km jusqu'à son embouchure entre Trouville et Deauville. A partir de Pont-l'Evêque, on peut observer l'influence des marées sur son cours. Dans cette partie, la rivière est très fréquentée par la truite de mer, la « blanche » telle qu'on la nomme ici en référence à ses reflets d'argent.

La beauté et la richesse architecturale des édifices de la vallée ravissent les promeneurs.

La Touques. *Photo G.P.*

Circuit des Gaillardières

Fiche pratique 49

2 h 20 — 7 Km

190 m / 97 m

Terroir riche de ses traditions et de ses paysages vallonnés, la vallée de la Touques invite à la promenade. Près de là, passe la route du Fromage…

Situation Notre-Dame-de-Courson, à 19 km au Sud de Lisieux par les D 579 et D 64

Parking salle des fêtes

Balisage jaune

Truite fario. *Dessin P. R.*

Ne pas oublier

❶ Emprunter la D 64 en direction de Fervaques. Prendre le chemin de la Scierie à gauche. Il descend vers la Touques. Franchir la passerelle sur la rivière et arriver sur la D 4.

▶ A proximité, voir le calvaire de Belleau.

❷ Emprunter la route à gauche sur 200 m *(prudence)*. Après la distillerie, prendre à droite le chemin de la Morinière. Monter, emprunter une voie goudronnée à droite et rejoindre la D 4.

❸ Traverser la route et poursuivre en face. Prendre à droite le chemin des Gaillardières sur 600 m. Couper une petite route, puis bifurquer à droite pour rejoindre la D 161b.

❹ Emprunter la route à gauche pour descendre vers la rivière *(panorama et vue sur le château de Belleau à droite)*. Ignorer la route à gauche. Franchir les deux ponts sur la Touques et aboutir à la D 64 face à un oratoire.

❺ Se diriger à gauche vers Fervaques, puis emprunter sur quelques mètres la D 161b à droite vers Cernay. Tourner à gauche dans le virage. Parcourir 300 m.

▶ Possibilité de rejoindre le circuit *Balcon de la Touques* : poursuivre le chemin tout droit.

❻ Se diriger à droite sur 150 m. Partir sur le chemin à droite sur 400 m, puis traverser la D 161b. Continuer tout droit, franchir le Douet Cordeux et passer près de la chapelle Notre-Dame-de-la-Salette. Descendre le chemin, puis bifurquer à droite. Emprunter la D 64 à gauche pour retrouver le point de départ.

À voir

En chemin

■ Notre-Dame-de-Courson : église néogothique ; calvaire de Belleau (9 m, taillé d'une pièce dans le granit) ; château de Belleau ; chapelle Notre-Dame-de-la-Salette (1878) avec abside en cul-de-four

Dans la région

■ Livarot : maisons à pans de bois, manoirs, église ; fabrication de fromage
■ château de Fervaques
■ manoirs de Bellou et Caudemone ; manoir de Chiffretot ■ Orbec : maisons à pans de bois, hôtels particuliers, anciens couvents, musée, église ■ Lisores : musée-ferme Fernand-Léger

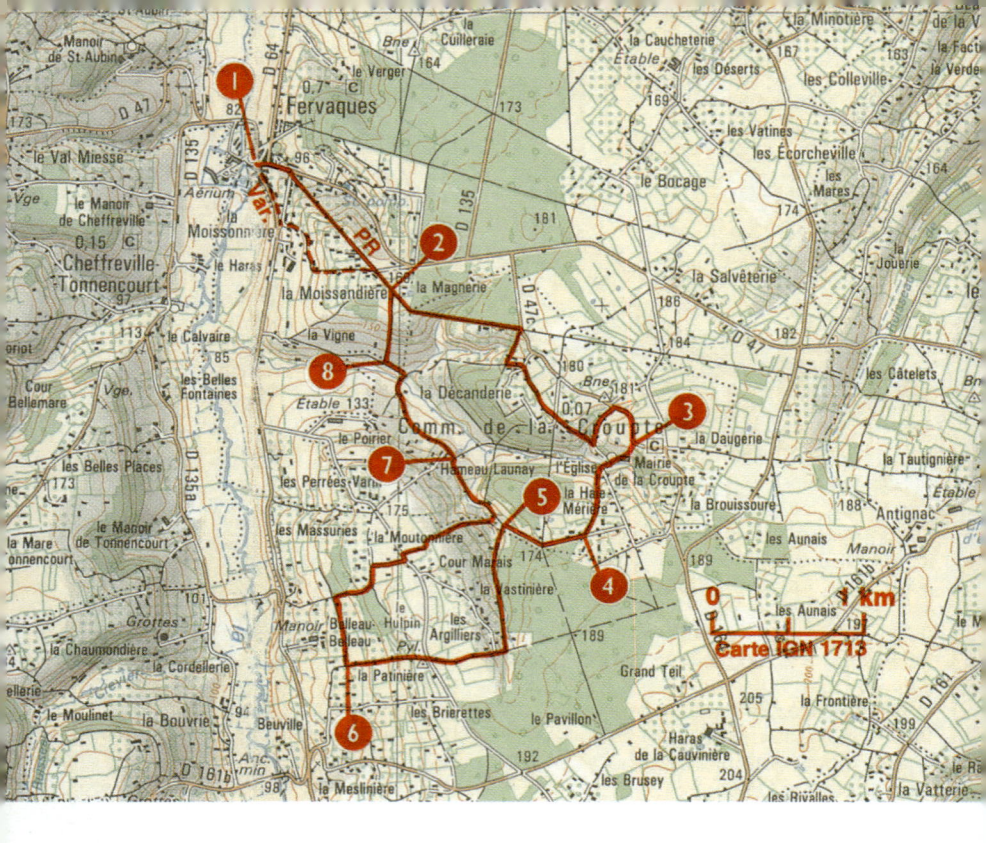

Un amour de Chateaubriand

Fervaques possède un château en partie Renaissance *(propriété privée : visite sur rendez-vous)*. Henri IV y séjourna quelque temps. En 1803, le château fut acheté par Delphine de Sabran, surnommée la Reine des Roses et veuve du marquis de Custine. La belle marquise eut une liaison avec l'écrivain Chateaubriand. Celui-ci effectua, à l'insu de madame de Chateaubriand, plusieurs séjours à Fervaques. Cet amour ne fut guère longtemps partagé et l'écrivain ne brilla pas par sa délicatesse en qualifiant la demeure de « château de hiboux ». La marquise de Custine, elle, aimait ce lieu : « je n'ai rien vu de plus joli, de plus frais, de plus champêtre. C'est la Suisse en miniature. On dit que c'est la plus belle vallée de la Normandie. »

Poterne du château de Fervaques. *Dessin G.P.*

Le balcon de la Touques

Fiche pratique 50

3 h — 12 Km

186 m / 84 m

En partant d'un joli bourg aux maisons de bois et de briques, partez à la découverte des riches prairies baignées par la Touques qui inspirèrent le peintre Eugène Boudin.

❶ Suivre la D 47 vers Orbec. Face aux écoles, monter le chemin oblique à droite. Suivre l'allée.

❷ A l'entrée du bois, continuer en face et descendre au ruisseau. Le franchir sur une passerelle. Remonter tout droit à la D 47c. Prendre le chemin à droite vers La Décanderie. Obliquer à gauche, couper une route. Aller à droite et s'engager à gauche entre une maison et un bâtiment. Plus loin, traverser une route, longer la ferme et descendre dans le vallon. Prendre la route à gauche, puis emprunter à droite la D 47c.

❸ Descendre le sentier à droite. Passer le long de l'église de La Croupte et atteindre la route *(lavoir-source miraculeuse)*. Aller à gauche, passer le pont sur le ruisseau des Londes, tourner à droite au chemin puis à gauche. Monter à La Haie-Merière.

❹ Prendre la route à droite. Obliquer à droite, descendre dans la vallée.

❺ Peu avant le bas, dévaler à gauche, puis monter la vallée du Douet jusqu'à la ligne EDF. Aller à droite, traverser la route et descendre en face. Atteindre La Patinière.

▶ A l'intersection, possibilité de rejoindre à gauche le Circuit des Gaillardières.

❻ Tourner à droite *(manoir de Belleau-Belleau)*. A Belleau, monter à droite vers La Moutonnière. Au bitume, aller à droite. Suivre la route à gauche, puis le chemin à droite. Descendre vers Le Val-Sery. Partir à gauche et gagner Hameau-Launay.

❼ Descendre à droite. Prendre à gauche. Franchir la passerelle sur le ruisseau des Londes, aller à gauche.

❽ Tourner à droite, gravir la pente.

❷ Descendre à gauche vers Fervaques par l'allée.

▶ Une variante permet de revenir à Fervaques par un autre cheminement : *voir tracé en tirets sur la carte*.

Situation Fervaques, à 13 km au Sud de Lisieux par les D 579 et D 64

Parking église

Balisage jaune

Ne pas oublier

À voir

En chemin

■ Fervaques : château 15e-16e-17e, église (tour romane avec flèche 16e, statues 16e-17e)
■ La Croupte : lavoir, église 17e-18e (retable 17e), if du cimetière, site pittoresque
■ Notre-Dame-de-Courson : manoir de Belleau-Belleau

Dans la région

■ Lisieux : basilique (pèlerinage à sainte Thérèse), carmel, cathédrale, maisons à pans de bois, musée
■ manoirs de Bellou, Coupesarte, Caudemone et Chiffretot

133

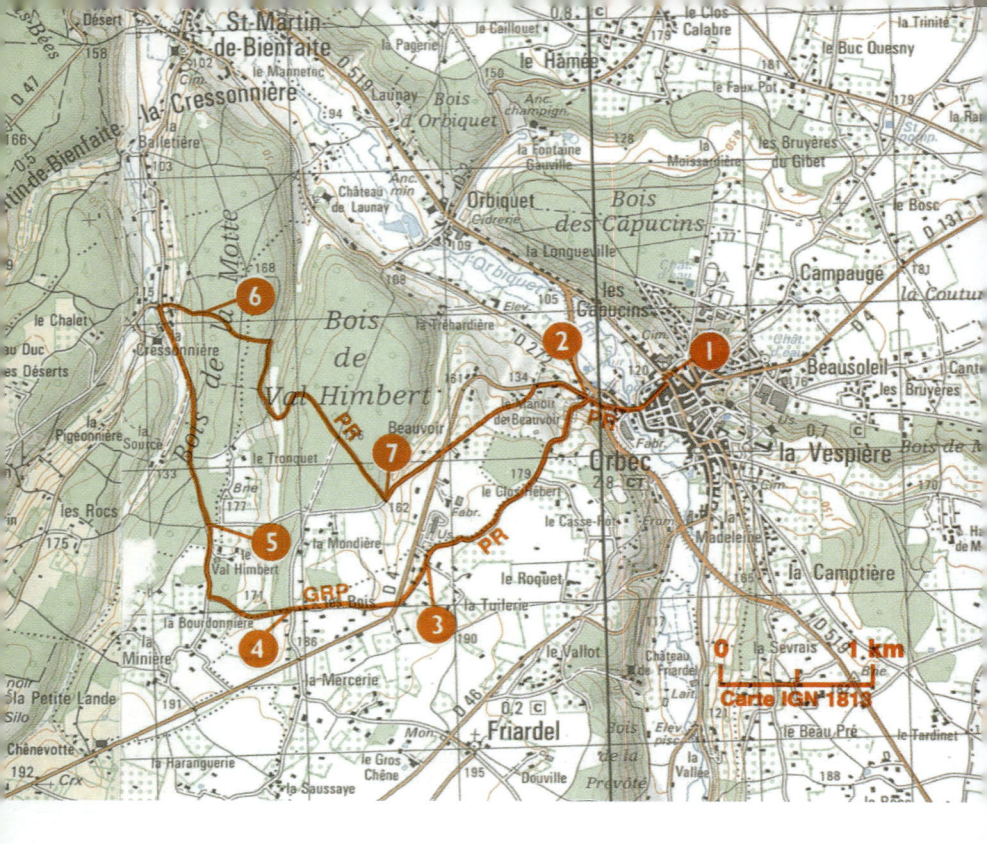

La Cressonnière

Le village de La Cressonnière tire son nom de l'un des ruisseaux qui longent la vallée et dans lequel poussait autrefois du cresson. On trouvait dans cette région, des bassins d'eau courante où l'on faisait croître le cresson de fontaine. À Orbec, cité prospère à partir du 15-16e siècle, on peut encore admirer nombre de belles demeures qui font tout son charme. L'industrie locale du froc et l'essor des usines textiles (rubans…) au 19e siècle, développèrent le commerce local. Le froc était un tissu de laine qui servait à fabriquer les vêtements « de tous les jours ». Cette production, objet d'un important marché, conditionna longtemps l'économie de toute cette région.

Eglise de La Cressonnière.
Photo G. P.

Le bois de Val-Himbert

Fiche pratique 51

3 h — 10 Km

La Cressonnière, village retiré dans sa vallée, rappelle le cresson de fontaine, autrefois très cultivé dans ce coin du pays d'Auge.

❶ Descendre le boulevard de Beauvoir, prendre à droite vers Livarot et franchir les ponts sur l'Orbiquet. Traverser la rocade Lisieux-L'Aigle *(prudence)*.

❷ Utiliser sur 600 m la première route montant fortement à gauche. Au Clos-Herbert, laisser la route à gauche et continuer tout droit. Passer derrière la zone industrielle d'Orbec. Laisser la route à droite et aller en face.

Faucon crécerelle. Dessin P. R.

❸ Continuer sur le sentier herbeux en face. Traverser la D 4 (Orbec-Livarot), prendre le chemin en face sur 750 m et gagner une petite route.

❹ Couper la route, poursuivre 600 m. Prendre la route à droite sur 500 m jusqu'au croisement à l'entrée d'un bois, à proximité du Val-Himbert.

▶ Accès au gîte d'étape de Tordouet Les Tendres : prendre à gauche *(balisage blanc barré)*.

❺ Entrer dans le bois, aller tout droit sur 1,6 km jusqu'à l'église de La Cressonnière. Prendre la montée à droite longeant l'église et traverser la plantation de conifères. A l'entrée du bois, continuer tout droit.

❻ Obliquer vers la droite en montée, traverser une grande allée. En bas, tourner à droite et longer la vallée située à gauche. Laisser les chemins de droite. En bas de la descente, après le talus, arriver dans l'herbage au fond du vallon. Le franchir *(bien refermer les barrières)*. Longer la clôture, prendre en face et monter à travers bois. Traverser une grande allée et continuer en face jusqu'à une petite route.

❼ Suivre la route à gauche, couper la D 4 et prendre en face. Descendre pour revenir à la D 4. La suivre à droite et gagner le repère **❷**.

❷ Par les ponts et le boulevard de Beauvoir, revenir au point de départ.

Situation Orbec, à 20 km au Sud-Est de Lisieux par la D 519

Parking place du Marché-aux-Vaches (rond-point de la route de Lisieux)

Balisage
❶ à ❸ jaune
❸ à ❻ jaune-rouge
❻ à ❶ jaune

Ne pas oublier

À voir

En chemin

■ Orbec : maisons à pans de bois 15e-16e-17e, maison Vieux Manoir (musée municipal), nombreux hôtels 15e-17e, église Notre-Dame 13e-16e ■ La Cressonnière : vestiges du château, église avec parties 16e (mobilier 17e-18e)

Dans la région

■ manoirs de Bellou, Caudemone et Chiffretot
■ La Folletière-Abenon : source vauclusienne (résurgence) de l'Orbiquet

135

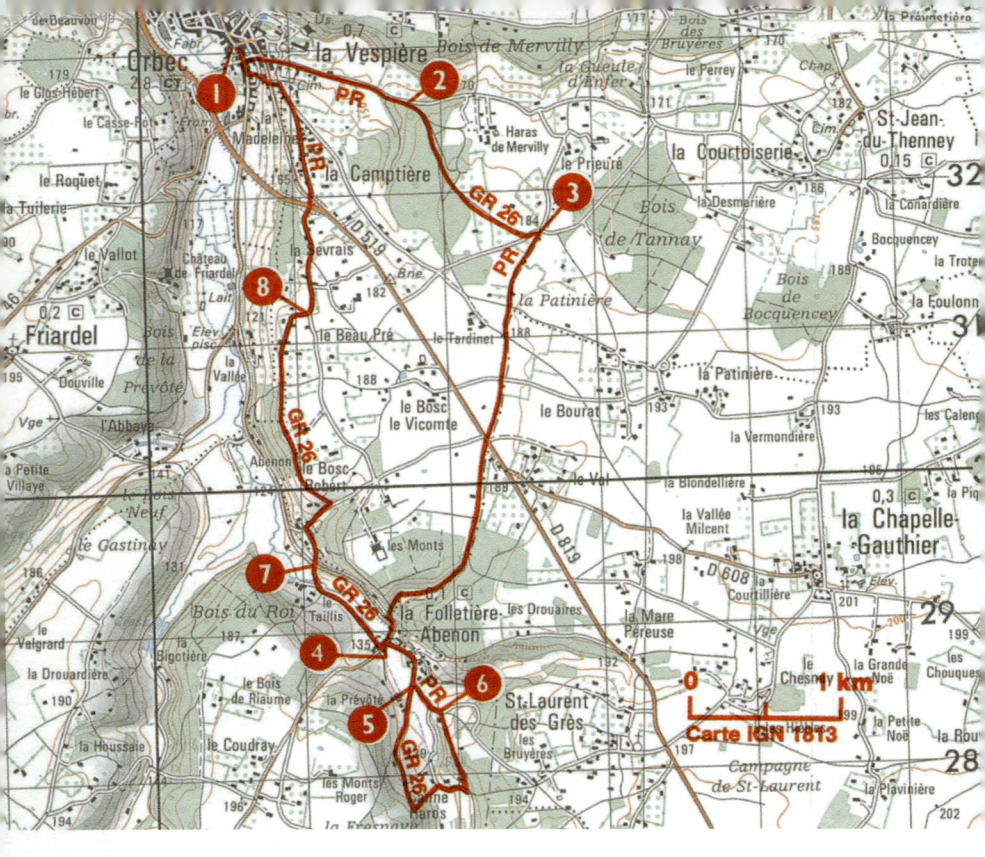

Histoire d'eaux...

Ce sont 35 millions de litres en 24 heures qui surgissent de la source de l'Orbiquet. Autrefois, cette rivière faisait déjà tourner sept moulins de sa source à Orbec, situé seulement à 5 km en aval : des moulins à grains, à foulons, à chanvre et à tan. Le débit de l'Orbiquet bénéficiait aussi au baignage des champs. Distribuées par un système de vannage, les eaux suivaient les lignes de pente en laissant l'eau dans les herbages. L'herbe de la vallée de l'Orbiquet, poussait trois fois plus vite qu'ailleurs et on procédait à deux coupes de foin par saison. Parfois des « voleurs d'eau » tentaient, la nuit, de détourner l'eau vers leur champ. Des trappes étaient installées et le « voleur » en était souvent quitte pour un bon bain.

L'Orbiquet. *Photo G. P.*

Les sources de l'Orbiquet

Fiche pratique 52

3 h — 12 Km 190 m / 120 m

Situation Orbec, à 20 km au Sud-Est de Lisieux par la D 519

Parking place du parvis de l'église Notre-Dame

Balisage
- ❶ à ❷ jaune
- ❷ à ❸ blanc-rouge
- ❸ à ❹ jaune
- ❹ à ❺ blanc-rouge
- ❺ à ❻ jaune
- ❻ à ❽ blanc-rouge
- ❽ à ❶ jaune

Ne pas oublier

Située à la frontière du Calvados et de l'Eure, aux limites du pays d'Auge et du pays d'Ouche, la résurgence de l'Orbiquet actionnait déjà un moulin cinquante mètres après sa source.

❶ Prendre à droite la rue Croix-aux-Lyonnais, puis la rue de Montreuil à gauche. Couper la D 519. Monter en face. Longer la mairie de La Vespière, puis le cimetière d'Orbec.

❷ Quitter la route, bifurquer à droite. Plus haut, obliquer légèrement sur la droite. Poursuivre tout droit en traversant une allée et rejoindre une route.

❸ Suivre la route à gauche, puis s'engager dans le chemin à droite. Aller tout droit, couper la D 519 (limite Calvados-Eure). Prendre en face un peu sur la gauche. Descendre le chemin le long du vallon. Près d'une statue de la Vierge, suivre la D 130a à gauche, passer le pont.

❹ Prendre la route à gauche vers l'église de La Folletière-Abenon.

▶ Source de l'Orbiquet : partir à gauche, franchir la passerelle du vannage ; la source est au pied de la falaise.

Continuer par la route jusqu'à la fourche.

❺ Poursuivre 300 m sur la route à gauche.

❻ Monter le chemin à droite, puis descendre à droite. Ignorer la route à droite, poursuivre en face. Bifurquer à droite, descendre vers l'église et continuer.

❹ Partir à gauche sur quelques mètres, puis tourner à droite à la mairie-école. Franchir l'Orbiquet et gagner la D 130a.

❼ Couper la route, monter en face et passer sous l'ancien pont ferroviaire. Monter le chemin à gauche et poursuivre tout droit en suivant un sentier au-dessus de la vallée de l'Orbiquet. Obliquer à droite pour revenir sur une route.

❽ Tourner à gauche, couper la D 519, prendre en face et à droite pour arriver au lotissement Paul-Borie. Descendre vers la gauche. Traverser la D 519 et prendre en face. Couper la rue du Petit-Four, descendre quelques marches, emprunter la venelle, passer sous une voûte-cheminée et aboutir par un passage dans la rue Croix-aux-Lyonnais. Prendre à droite et revenir au départ.

À voir

En chemin

- Orbec : maisons à pans de bois 15e-16e-17e, maison Vieux Manoir (musée municipal), nombreux hôtels 15e-17e, église Notre-Dame 13e-16e
- La Folletière-Abenon : église en partie 12e, résurgence vauclusienne de l'Orbiquet

Dans la région

- Lisores : musée-ferme Fernand-Léger

137

LES SENTIERS DE GRANDE RANDONNÉE®
DANS LA RÉGION

GR® Sentiers de Grande randonnée

GR 34	GR ou GR de Pays (GRP) publié. Les couleurs utilisées permettent de différencier les ouvrages référencés.
GR 347	GR ou GR de Pays non publié.
716	Référence des ouvrages GR et GR de Pays.
D045	Référence des ouvrages PR.
F008	Référence des ouvrages "à pied en famille"
480	Ouvrage à paraître (cadre en tirets).

Randonner quelques JOURS

Partir entre amis, en famille sur les sentiers balisés à la recherche des plus beaux paysages de France.

Les topo-guides des sentiers de Grande Randonnée ®de la FFRP sont indispensables pour bien choisir sa randonnée.

Ces guides vous feront découvrir la faune, la flore, les sites naturels merveilleux, un vrai régal pour les yeux.

Marcher, rien de tel pour se refaire une santé.

100 GUIDES pour découvrir tous les GR® de France !

Où que vous soyez, où que vous alliez en France, vous trouverez un sentier qui vous fera découvrir d'extraordinaires paysages. Les topo-guides FFRP guideront vos pas vers ces lieux purs, naturels et revivifiants.

EXCLUSIF

La RandoCarte :
un signe de reconnaissance pour randonner en toute sécurité

- **une assurance spéciale "randonnée"**
- **une assistance** 24/24 h et 7/7 jours en France comme à l'étranger
- **des avantages quotidiens** pour vous et vos proches
- **un soutien à l'action** de la FFRP et aux bénévoles qui balisent et entretiennent vos sentiers de Grande Randonnée et de Promenades et Randonnées

Vous désirez en savoir plus
sur les garanties et les avantages de la RandoCarte ?
Pour recevoir une documentation détaillée
et une proposition d'adhésion, téléphonez vite au

01 44 89 93 93
(du lundi au samedi entre 10 h et 18 h)

...ou rendez-nous visite sur notre site Internet
http://www.ffrp.asso.fr

Vous pourrez ainsi réfléchir sur les conditions d'accès à la RandoCarte et décider en toute liberté.

A très bientôt !

Cèdre Bleu

FFRP
Fédération **F**rançaise de la **R**andonnée **P**édestre

BIBLIOGRAPHIE

CONNAISSANCE DE LA RÉGION
- Bouärd (M. de), *Guillaume le Conquérant*, Fayard
- Boussel-Florentin : *Guide des plages du Débarquement et des champs de bataille de Normandie*, Presses de la Cité
- Brier et Bunet : *L'Architecture rurale française : la Normandie*, Berger-Levrault
- Colin (E.), *Légendes de Basse-Normandie*, Corlet
- Decaen (H.), *Itinéraires romans en Normandie*, Zodiaque
- Lalubie (J.), *Randonnées et patrimoine en pays d'Auge*, 3 volumes, Corlet
- Léonard (E.G.): *Histoire de la Normandie*, PUF, Que sais-je ? n° 127
- Lepelley (R.), *Dictionnaire du français régional de Basse-Normandie*, Christine Bonneton
- Pézeril (C.), *Ces mineurs de Littry et le Bessin oublié*
- Seydoux (P.) : *Châteaux du pays d'Auge et du Bessin*, la Morande
- *Histoire de la Normandie*, Privat

OUVRAGES GÉNÉRAUX
- *La Basse-Normandie*, Conseil régional de Basse-Normandie
- *Aimer la Normandie*, Ouest-France
- Guide Vert *Normandie-Cotentin et Normandie vallée de la Seine*, Michelin
- Guide Bleu *Normandie*, Hachette
- Guides : *Calvados ; la bataille de Normandie*, Gallimard
- Minvielle (A.-M.), *La randonnée pédestre*, Robert Laffont - FFRP
- Mouraret (A. et S.) : *Gîtes et refuges*, La Cadole
- *Pays et gens de Normandie*, Larousse
- Rossignol (G.), *Guide du Calvados*, la Manufacture
- Torre (M. de la), *Calvados, Histoire-Géographie-Nature-Arts*, Deslogis-Lacoste

CARTES ET TOPO-GUIDES DE RANDONNÉE
- Carte du 6 juin 1944, IGN
- Cartes IGN au 1 : 25 000 n° 1411 S, 1412 O, 1413 E, 1414 E et O, 1512 E et O, 1513 E et O, 1514 E et O, 1612 E, 1613 E et O, 1614 E et O, 1711 O, 1712 E et O, 1713 E et O.
- Cartes IGN au 1 : 100 000 n° 6, 7, 17 et 18.
- Cartes IGN au 1 : 250 000 n° 102.
- Cartes Michelin au 1 : 200 000 n° 54, 55 et 231.
- *Itinéraires découvertes en Pays de Falaise*, OTSI Falaise
- *Promenades et randonnées dans le pays d'Auge*, Cornaille D., Solar
- *Randonnées dans l'estuaire de l'Orne*, CPIE vallée de l'Orne, Corlet
- *Randonnées en VTT en Suisse Normande* (fiches), AARDSN
- *Vallée de l'Odon : sentier de l'Odon et circuits annexes*, ADTPC
- *Villers-sur-Mer, circuits des églises*, Commune de Villers-sur-Mer
- Nombreuses pochettes de fiches de petites randonnées disponibles au Comité du tourisme du Calvados et regroupées par cantons ou secteurs géographique : *Bény-Bocage, Blangy-le-Château, Bretteville-sur-Laize, Caen (ville), Cambremer, Condé-sur-Noireau, Evrecy, Honfleur, Pont-l'Evêque, Saint-Sever, De la vallée de la Dives à la vallée de la Vie et De la vallée de la Vie à la vallée de la Touques, Suisse Normande, Vassy, Vire...*

REALISATION

La création et la réalisation de ce topo-guide ont mobilisé de nombreux partenaires : Conseil général du Calvados, Comité départemental du tourisme du Calvados, le Pays d'Accueil touristique du Bessin, le Parc naturel régional des marais du Cotentin et du Bessin, le CIPPA, le Syndicat mixte du pays de Falaise, la Maison de la nature et de l'estuaire de l'Orne (CPIE), les Offices de tourisme.

Les itinéraires décrits dans ce topo-guide ont été réalisés ou proposés et sont entretenus par des collaborateurs bénévoles du Comité départemental du tourisme pédestre du Calvados (CDTP14).

L'équipe de la commission Editions remercie :
M. Benoit, M. et Mme Blanchetière, MM. Caen, Calenge, Clercq, Corréard, Courtois, Demeusoy, Derouet, Mme Dodeman, MM. Eudeline Fauchoux, Fauvel, Mme Guedou, MM. Guerin, Hourquet, Mme Lair, Mlle Lebouchet Mme Léonard, MM. Lechevalier, Leproux, Lerebourg, Lièvre, Livet, Mariette, Massue, Moulin, Nourrisson, Mmes Peu, Pierre, MM. Ponsot, Rault, Sady, Mme de Saint-Léger, MM. Sehier, Toutain, M. et Mme Vallée, Mme Vaucquelin, l'ADASPA, l'Office de tourisme, la mairie et l'Association de défense de l'environnement d'Argences, l'Association sports et loisirs de Bénouville, le canton du Bény-Bocage, l'Association falaisienne de tourisme pédestre, le Foyer laïque de Fleury-sur-Orne, le SI d'Isigny-sur-Mer, les Chemins pédestres de Mézidon-Canon, le Foyer rural du Molay-Littry, l'APSR de Ryes, l'Association du Val de Laize, les Gîtes ruraux de Vassy, l'Association randonnée et patrimoine de la Viette, l'Office de tourisme des gorges de la Vire.

La description des balades et les textes thématiques ont été rédigés par Gilles Pivard.

Les photographies proviennent de la photothèque du Comité départemental du tourisme du Calvados (CDT 14), de Philippe Gay (P. G.), d'Olivier Houdart (O.H.), de Gilles Rigoulet (G.R.) et de Jean-Michel Gattet (J.M.G.), du Conseil Général (C.G.), de Nicolas Vincent (N.V.) et de Jeanne Lambert (J.L.).

Les illustrations et dessins ont été fournis par Gilles Pivard (G.P.), Nathalie Locoste (N.L.) et Pascal Robin (P.R.).

En couverture: Paysage normand, *photo Olivier Houdart* (grande image); mouettes sur la plage d'Omaha Beach, *photo Gilles Rigoulet* (vignette haut); fromages normands, *photo CDT 14* (vignette bas).

Montage du projet, et direction des éditions : Dominique Gengembre. Secrétariat d'édition : Philippe Lambert, Nicolas Vincent. Suivi de fabrication : Jérôme Bazin, Matthieu Avrain, Delphine Sauvanet. Cartographie et couverture : Olivier Cariot, Frédéric Luc. Mise en page : Elisabeth Fally, Nicolas Vincent. Lecture et corrections : Brigitte Arnaud, Brigitte Bourrelier, Jean-Pierre Feuvrier, Elisabeth Gerson, Hélène Pagot, Anne-Marie Minvielle et Gérard Peter.

Création maquette : Florelle Bouteilley, Isabelle Bardini - Marie Villarem, FFRP. Les pictogrammes et l'illustration du balisage ont été réalisés par Christophe Deconinck.

Cette opération a été réalisée avec le concours du Conseil général du Calvados, du Comité départemental du tourisme pédestre du Calvados et de la FFRP.

Pour découvrir la France à pied®

Vous venez de découvrir un topo-guide de la collection "Promenade et Randonnée". Mais savez-vous qu'il y en a plus de 200, répartis dans toute la France, à travers...

Une région

Un parc naturel

PR®

Un pays

Un département

Pour choisir le topo-guide de votre région ou celui de votre prochaine destination vacances, demandez le catalogue gratuit de toute la collection au
Centre d'Information de la Randonnée 14, rue Riquet - 75019 Paris - tél. : 01 44 89 93 93

ou consultez le site
www.ffrp.asso.fr
Les nouvelles parutions y sont annoncées tous les mois

INDEX DES NOMS DE LIEUX

A
- Argences 105
- Arromanches 35

B
- Bavent 101
- Bazenville 37
- Bénouville 95
- Bény-Bocage 55
- Bernesq 29
- Billot (Le) 113
- Bretteville-sur-Laize 85
- Brie (pont de) 75
- Bures-les-Monts 51

C
- Cahagnes 63
- Campeaux 53
- Champ-du-Boult 49
- Clarbec 119
- Creully 43

F
- Fervaques 133
- Fleury-sur-Orne 83
- Fourneville 125

G
- Glanville 115
- Gonneville-en-Auge 99

H
- Hamars 71

I
- Isigny-sur-Mer 25

L
- Locheur (Le) 81

M
- Mandeville-en-Bessin 31
- Mézidon-Canon 107

N
- Neuilly-la-Forêt 25
- Notre-Dame-de-Courson ...131

O
- Orbec 135/137
- Oudon (L') 113
- Ouistreham 95

P
- Parfouru-sur-Odon 79
- Pennedepie 121
- Perrières 93
- Petiville 101
- Pontécoulant 67
- Port-en-Bessin 33
- Potigny 91
- Robehomme 103

R
- Rocques 127
- Ryes 35

S
- Sainte-Marie-aux-Anglais 109
- Saint-Hymer 123
- Saint-Jean-des-Essartiers 57
- Saint-Martin-de-Blagny 29
- Saint-Martin-de-Fresnay 113
- Saint-Omer 73
- Saint-Pierre-Tarentaine 59
- Sallenelles (circuit 34)...97
- Secqueville-en-Bessin 41
- Soumont-Saint-Quentin 91

T
- Thaon 45
- Thury-Harcourt 75
- Tilly-sur-Seulles 47
- Trévières 31
- Trouville-sur-Mer 117

V
- Val Mérienne 69
- Varaville 99
- Vassy 65
- Ver-sur-Mer 39
- Vey (le) 73
- Vieux-Pont-en-Auge 111
- Villers-Canivet 89
- Villiers-le-Sec 37

Compogravure, impression : Corlet, 14110 Condé-sur-Noireau - N° 76206